JN408976

산다는 것이

the Matter of Living

문학세계대표작가선 789　강정식 다섯 번째 시집

산다는 것이

the Matter of Living

도서출판 천우

무엇 때문에 우리가 살고 있는지
무엇 때문에 괴로워하고 있는지
알 수 있을 것 같은데
그것만 알 수 있다면…
그것만 알 수 있다면…

— 안톤 체홉의 〈세 자매〉의 마지막 대사 중에서

이 시집은 ㈜GNS 공병채(孔炳採) 회장님의 지원으로 출간되었습니다.

■ 드리는 말씀

이번에 출간하게 된 5번째 시집 『산다는 것이, the Matter of Living』은 프랑스, 생 나자르 소재 MEET 재단(국제 작가와 번역가를 위한 집)에서 돌아온 2011년 7월부터 2016년 상반기까지 쓴 작품 중에서 선별 정리한 110편을 4부로 구성했습니다. 유구한 역사를 만들어 가는 사람들은 바로 이름 없는 우리 같은 보통사람들이며, 희로애락(喜怒哀樂)과 오욕칠정(五慾七情) 속에서 어떻게 살아가는지 그 삶의 정체성에 대하여 이야기하고 또 기록으로도 남기고 싶었습니다. 이제 삶을 바라보는 사람이 아니라 삶을 되돌아볼 수 있는 처지에서 마지막 시집을 엮는다는 마음으로 많은 시간을 고민하며 깊은 생각에 빠져 있기도 했습니다. 그러나 이 시집에서 명쾌한 해답을 드릴 수는 없어도 "삶은 목표가 아니라 과정이며 그 속에서 행복은 스스로 만들어가는 것이다."라는 생각이 위로가 되고 위안이 되었으면 하는 바람입니다. 아직도 내 성찰의 깊이와 폭과 재능이 부족하다는 것을 절감하고 있으므로 앞으로 더 열심히 노력할 예정임을 이해해 주시고 기쁜 마음으로 읽어주시기 바랍니다.

2016년 10월

제 1 부

산다는 것이

제2부

행복합니다

제3부

엄마의 정원

제4부

진달래꽃의 전설

제1부

산다는 것이

산다는 것이
사막도 같고 망망대해 같기도 하고
때로는 불꽃놀이 같은 것이지

산다는 것이 · 1

흔들리는 일이다
산다는 것이 노상 흔들리는 일
맥없이 서걱이는 갈대 잎처럼
끊임없이 속삭이는 대숲처럼
신들린 사시나무처럼
서걱이며 기다리는 일이고
설렁대며 흔들리는 일이다
옳고 그름을 따질 수 없고
길고 짧음을 가늠할 수 없어도
눈물을 삼키고 목이 메어도
명치끝이 아리도록 참고 흔들리는 일
그렇게 기다리며 흔들리는 일이다
할 일 없이 먼 산을 바라보며
흔들리는 일이 사는 길이다
흔들리며 기다리고
기다리며 흔들리는 일
그렇게 흔들리다
멈칫하며 몍을 놓는 일이다

산다는 것이 · 2

그래, 떠다니는 것이지
산다는 것이 떠다니는 것이란다
바람에 날리는 티끌 같고
줄 끊어진 연처럼 날리기도 하고
어디로 날아갈지
갈피를 잡을 수 없이
날아다니는 부나비 같기도 하고
물결 따라 떠가는 부평초 같기도 하고
바다에서 떠밀려가는 난파선같이
마냥 떠다니는 일이다
고향도 뿌리도 없이
이리저리 떠다니며 살았던 것처럼
살기 위해 떠다니고
떠다니기 위해 살지 않았느냐
떠다니는 일도 생각처럼 되지 않아서
늘상 고단하기 마련이지만
그래도 떠다니는 일이 사는 길이란다
살며 떠다니고
떠다니면서 사는 일이고
그렇게 떠다니다 스러지는 일이다

산다는 것이 · 3

흘러가는 일이다
불평을 하며 욕을 해대며 흘러가고
대거리를 해대며 흘러가는 일이지
구름에 달 가듯 흘러가고
세월처럼, 쏜살처럼 흘러가고
사랑도 흘러가고 잊혀지고
우정도 흘러가고 멀어지고
시냇물이 노상 돌돌…
소리 내며 흘러가듯
흘러가며 사는 일이란다
유성기에서 흘러나오는 유행가처럼
정처 없이 떠돌며 흘러서
이제야 여기 오지 않았느냐
시냇물이 흘러서 강물 되듯이
흘러가며 부대끼는 일이
어디 이것뿐이며
어디 너뿐이더냐
너도 흘러가고 나도 흘러가고
종국에는 모두 흘러 바다로 가지 않겠느냐
쉬지 말고 울면서라도 흘러가 보자
산다는 것이 그렇게 흘러가는 일
흘러가는 일이 사는 길이다

산다는 것이 · 4

홀로 서는 일이다
야생의 들판 같은 세상에
태어나자마자 해야 할 일이
땅을 짚고 혼자서 일어서는 일
쓰러지면 다시 일어서야 하고
일어서서 어미를 찾아
젖꼭지를 찾아 무는 일, 그러나
그 새끼를 바라보는 어미는
연민과 공포의 눈빛으로
말없이 새끼를 핥아주는 일뿐
더 이상 도와줄 수도
기다릴 수도 없는 일이란다
그렇게 태어난 새끼가 어디 너뿐이더냐
나도 그렇고 너도 그렇고
우리 모두 그렇게 험하게 태어나
홀로서기로
여태껏 목숨을 부지하지 않았느냐
산다는 것이 투정 부릴 일도
떼를 써서 될 일도 아니어서
죽기 살기로 혼자 일어서는 일이며
죽을힘을 다해 살아가는 일
그렇게 힘에 부치게 살다 가는 길도
혼자서 가는 법이란다

산다는 것이 · 5

바람과 파도(風波)에 목숨을 걸고
거친 바다에 나가 고기를 잡아
너희를 키우고 가르치지 않았느냐
험한 세상 견디며 부지해야 사는 길이다
거센 폭풍은
바다에만 있는 것도 아니어서
숲에 아름드리나무들도
대지의 살점과 뼈대를 온몸으로 부여잡고
죽을힘을 다해 견디어 왔으니
세파(世波)에 흔들려 힘이 부친다고
엄살 부리지 마라
언제 모진 풍파가
세상을 뒤집어 놓을지 모르는 일
힘든 일이 어찌 이뿐이며
목숨 내놓고 부지해 가는 이가
어찌 너뿐이더냐
세상은 늘 파란만장한 풍파 속에서
견디며 부지하는 일이다
그렇게 해가 뜨고 해가 지고
어느 날 나도 모르게 힘이 빠져서
무릎이 꺾일 때까지
목숨을 부지하는 일이다

산다는 것이 · 6

세상살이가 벅차고 힘들다
투정 부리지 마라
그것이 네게는 행운이고
복에 겨운 줄이나 알아야 한다
갑자기 토사곽란으로
기가 막혀 죽을 수도 있고
날아오는 총탄에
옆에 전우 대신 죽을 수도 있고
예기치 못한 사고로
무슨 일이 일어날 수도 있는데
아무 일 없지 않느냐
그러니 목숨을 구걸할 일도
억지로 늘일 수 있는 일도 아니고
그렇다고 자진해서 끊을 수도
없는 노릇이 아니지 않느냐
누구에게나 세상만사가 파란만장해도
무작정 떼를 쓴다고
달라질 일이 아닌 것이다
주어진 몫이 얼마인지 알 수는 없지만
알려고 하지도 말고
욕심도 부리지 말고
그저 감사하는 길이 사는 길이다
그러니 산다는 것이 따지고 보면
실은 별일도 아니란 말이다

산다는 것이 · 7

모두 다 기다리는 일이다
일 년을 기다려야 해가 바뀌고
그동안도 암울한 긴 겨울이 가기를
기다려야 하고
봄이 오기를 또 기다려야 하고
꽃이 피기를 기다려야 하고
열매가 열리기를 기다려야 하는 일
매일 아침 또 다른 하루가 되기를 기다리고
아이가 들기를 기다려야 하고
그러고도 열 달을 더 기다려
낳아놓은 애물단지를
먹이고 입히고 가르치는 동안
세월은 나를 기다려주지 않아도
마냥 기다리는 동안
눈물 마르기를 기다리고
놀란 가슴 가라앉기를 기다리는 동안에도
늘 좋은 세월 오기를 기다리지만
기다리는 것이 어찌 이뿐이겠으며
기다리는 사람이 어찌 너뿐이겠느냐
산다는 것이 기다리는 일
기다리면서 살고
살면서 기다리는 일이지

산다는 것이 · 8

기다리는 일이다
늘 하던 대로
작정 없이 기다리는 일
배 타고 나간 남정네를 기다리듯
전장으로 나간 아들을 기다리듯
어머니의 간절한 마음으로
정한수 떠 놓고 정성으로 빌며
기다리는 일이다
오지 않는 막차를 기다리는 일이나
폭풍 전야의 적막함이 그렇고
숨죽여 가며 기약 없이
기다리는 일이 그렇고
작정 없이 기다리는 일이 그렇다
네가 해결할 수 없는 일들을
맥없이 기다리는 일이다
산다는 것이
마냥 맥없이 기다리는 일이어서
쉬지 않고 기다리다가 지쳐서
마침내 기가 진하여
숨을 놓치는 일이다

산다는 것이 · 9

새들이 바람 부는 날
튼튼한 집을 짓듯이
새벽을 보기 위해 일찍 일어나야 하듯이
이른 봄에 벼를 심지 않으면
가을에 추수를 할 수 없듯이
아무 준비 없이
이루어지는 일은 없고
힘들이지 않고
얻어지는 것은 없다
누가 대신해 줄 수도 없고
누구를 대신 살아 줄 수도 없어
내일을 위해 준비하는 만큼
내일을 위해 힘들이는 만큼
아버지처럼 말없이 땀 흘리고
어머니처럼 소리 없이 힘들여서
먹여 살리는 것이지 자식들을

타고나는 것이 아니라
죽기 살기로 노력해서 만들어 내는 것
그래서 늘 고달픈 것이지
산다는 것이 뭐 별것이라더냐
다 그런 것이다

산다는 것이 · 10

어둠 속에 빛이 없고
빛 속에 어둠이 없고
시간 속에 시간이 없고
시간은 내 속에 없고
나는 시간 속에 없다
삶도 내 안에 없고
삶은 늘 내 능력 밖에 있어서
나태하고 무력하고 무지해서
달려들지도 못하고
대들어 보지도 못하고
마냥 기웃거리다가
채이고 쳐져서 끌려가는 것이지
시간에 떠밀려가고
시간에 끌려가는 것이지
어디로 가는지도 모르는 채 흘러가다
그 시간이 다하면
그렇게 끝이 나는 것이지

성공도 실패도 없고
시작도 끝도 모르는 것이지
그런 것이지

산다는 것이 · 11

종잡을 수 없이 불어대는 바람같이
쉬지 않고 들이닥치는 파도같이
감당할 수 없이 밀려드는 시간같이
잠시도 목줄을 늦춰주지 않고
끌고 가는 것이지
아니 끌려가는 것인지도 몰라
보는 이가 없어도
지키는 이가 없어도
시간이 가고 날이 가고
해가 가고 세월이 가서
힘이 빠지고 무릎이 꺾이고 나면
그나마 쏟아부은 노력만큼
땀 흘린 열정만큼
저울의 눈금은 정확해서
삶의 값은 매겨지는 거지
성공도 실패도 단정할 수는 없지만
스스로 알게 되는 거지
그렇게 마감이 되는 것이지
그런 것이지
산다는 것이

산다는 것이 · 12

직선은 점의 연속이고
세월은 시간의 연속인데
하늘에는 별이 껌벅이고 있고
바다에는 파도가 모래를 쓸고 있고
새벽에 정한수를 길으러 가야 하는데
늦은 밤 별을 봐야 하는데

불빛들이 밤을 밝히고
세상은 쉬지 않고 돌아가고
인적은 끊겨서 사방은 텅 비어 있고
동서남북은 알 수 없고
목은 타고 허기는 지고
힘은 부치고
포기하든지 헤쳐 나가든지
아니면 죽든지 말든지
알아서 할 일이고

산다는 것이
사막도 같고 망망대해 같기도 하고
때로는 불꽃놀이 같은 것이지

나는 누구인가 · 4

세상 만물은 정점을 지나면
쇠퇴해 소멸되면 그만이어서
역사책을 뒤져도 누가 살다 갔는지
뭐가 있었는지
알 수 없게 되고 말아
이 세상에 태어난 너와 나도
희희낙락한 후
병약해져서 끝이 나고 말 일이듯
날이 저물고 해가 바뀌고
매정한 시간이 얼마쯤 흘러간 후
정신이 혼미해지지 않는다 하더라도
누구냐고 묻는다면
대답할 자신이 없네
밝힐 만한 기록도 없고
기억해 줄 사람도 없고
스스로도 잘 모르는 사람이 되었네
무엇으로 살았는지
파란만장했을 사연조차 아리송해졌다면
내가 너일까
네가 나일까
아니면 또 다른 누구일까
내가 나일 수도 있다는 생각이 들지만
진정 나는 무엇이며
나는 누구인가

나는 누구인가 · 5

딸은 나를 아빠로 알고 있고
아내는 캄캄한 이불 속에서도 알아보고
어머니는 문밖에 발소리만으로도
나를 알아보지만
정말 나를 확인하고 나라고 믿는 것일까
세상 밖으로 나서면 나를 확인하기 위하여
주민번호: xxx804 · xxxx513 이나
확인번호, ID: xxxxxxkang 또는
비밀번호, PW: xxxxxx 외에도
수많은 비밀번호로 확인하는데
어떻게 이런 비밀번호로
나를 확신할 수 있을까
내가 나 아닐 수도 있는데
내가 UFO를 타고 온 외계인인지
DNA를 복제한 Clone(복제인간)인지
성형수술로 Face-off(안면성형)한 첩보원인지
쉽게 가려낼 수 없을 것이다
설사 정밀분석으로 DNA를 알아냈다 하더라도
그 DNA가 FBI 비밀금고에
보관되어 있는 것도 아닌데
어떻게 나라고 단정할 수 있겠나
내가 나인지를 확신할 수 없는데
무엇으로 확인할 수 있을까
나는 누구인가

나는 누구인가 · 6

나를 사랑했던 사람들
내가 만난 수많은 사람들
친구들의 기억 속에 나는
어떻게 기억되어 있을까
해악을 끼친 나쁜 인간으로 아니면
따뜻한 미소가 떠오르는
행복했던 인연으로 기억되고 있을까
내가 그 많은 사람들을 기억하듯
기억하지 못하듯
이름도 얼굴도 잊었거나
막연히 잠시 생각날 듯 말 듯
지워진 과거의 흔적일뿐이어서
내가 가진 기억과 감정도
아무 쓸모없는 허상일뿐이어서
아무데도 나를 증거할 방법이 없네
내가 나인 것을 증언할 길이 없네
마치 수천 년 역사 속에서
이름 없이 죽어간 민초들처럼
잊혀진 전사들처럼, 독립투사들처럼
누가 나를 인정해주고 찾아줄 것인가
잊혀져 가는 내가 나일까
얼마만큼이 나일까
나는 누구인가

임종 · 1

절벽을 향해
부득부득 기어가는 달팽이는 왜
왜 그랬을까
그 끝의 의미를 알고 있을까
의지일까 무지일까
알 수도 헤아릴 수도 없는데

꾸역꾸역 임종을 향해 기어가는 내 날들은
어제, 오늘 그리고 내일
또 그 다음날은 왜 다가오는 걸까
하루하루 가까워지는 것을 알면서도
매일 한 발짝씩 등 떠밀려 가는 것은
무지도 미련도 아니고
허망한 환상도 아닌데
고통도 회한도 없이 반성도 하지 않는
무책임인가 두려움인가
암흑일까 광명일까…

그렇지만 기다려진다!
불꽃이 튈 것 같은 그 절체절명의 순간을
느끼고 싶다
보고 싶다

임종 · 2

겨울도 다 가기 전 얼음장 밑에서
미친 듯이 돋아나는 풀잎들은
앞다투어 피어나는 봄꽃들은
곧 스러지고 말
그 끔찍한 일들을 알고 있을 거야
알고 있겠지…
곧 지고 나면 열매를 맺어야 하니까
하루 먼저 아니면 바로 그다음 날
자기 차례가 언제인지 알고 있을 거야
숲 속에 아름드리나무들은
말라 죽는 날이 정해져 있을까
아니면 스스로 굶어 죽는 걸까
배운 적도 없고
가르쳐 주는 사람도 없는데
이 주체할 수 없이 밀려드는 날들
어떻게 하라는지 난 알지 못하네
기를 쓰고 삼시세끼를 찾아 먹어야 하나
버둥대며 안 먹고 버티면
쉽게 죽음으로 끝날 수 있을까?
그러면 반항일까 저항일까 열반일까

죽음, 그 끝은 정말 끝일까
열반일까 희망일까 아니면 환희일까…
누가 알 수 있을까

임종 · 3

도살장으로 끌려간 황소는
“음매…” 마지막 울음을 울었지만
투우사의 창을 맞은 흑소는
깊은 숨을 멈칫 몰아쉬고 쓰러졌다
무슨 뜻이었을까
그 다음은 무엇일까
어머니의 임종 날
타지에 간 내가 오기를 기다리시며
숨을 놓지 못하셨다
어머니는 무슨 말이 하고 싶어서였을까
손을 잡고 물어도 말씀은 없었다
나도 더 이상 할 말이 없어
어서 가시라고 속으로 빌어드렸다
그러나 그 절명의 순간
시간은 여전히 흘러가고 있었고
아무 일도 일어나지 않았고
창밖에 마지막 잎새 하나가 흔들렸고
슬픔이 밀려와서
눈물이 쏟아졌지만
어머니의 삶은 그렇게 끝이 났고
모두 그냥 그렇게 끝이 났다
시계의 초침은 그냥 지나갔고
허망하게 세상이 끝이 났지만
그 다음은 없다
난 지금도 그냥 살고 있다

꿈 · 3

헝클어진 채마밭을
가지런히 매어놓듯
내 꿈속에서 살고 가는 사람
저 사람은 누구인가
내가 살아보지 못한 다른 세상
그 발자국마다 뿌려 놓고 간
붉은 꽃잎들은 무엇이며
중간 중간에 꽂아 놓은 이정표 같은
울긋불긋한 깃발들은 무엇인가
내 꿈은 늘 비어 있는 헛간처럼
지나간 삶의 빈 흔적들뿐이어서
보이고 싶지 않아
아무도 부르지 않았는데
왜 껍데기뿐인 흔적을 뒤적이며
묻어 두고 덮어 두고 싶은 것들
낙엽처럼 쌓아 놓은 것들을 휘저어
가슴 저리게 하나
눈물 나게 하나
내 꿈속에서 살고 가는 사람
어째서 덧난 상처보다 더한 아픔을
내게 남기고 가나

꿈 · 4

꿈속에 찾아간 그곳은 어디였나
가 본 적이 없는
그 낯선 도시로의 여행은 무엇인가
혹시 남의 꿈속에 들어가
그 사람의 삶의 기억들을
헤집어 놓은 것은 아닐까
그런데 나를 친절하게 대해준
그 사람들은 또 누구였을까
기억 속에도, 추억 속에도, 꿈속에서도
만난 일이 없는 사람들이
나를 어떻게 알아보았을까
내가 모르는 사이 꿈속에서
새로운 버전(Version)으로
업그레이드(Up grade)시켜서
내 기억을 바꾼 것이 틀림없다
백업(Back up)도 안 해 놓았는데
본래 온전했던 나는 누구고
업그레이드 된 나는 누구고
나를 조정하는 나는 누구인지 알 수 없네
그럼 이제부터 진짜 나는 누구인가
내가 꿈을 꾸고 있나
꿈이 나를 살고 있는지도 헛갈리네
아무래도 내 비밀번호를
바꿔야 할 것 같다

꿈 · 5

매일 밤 꿈속에서
너를 찾아 나선다
"My Blueberry Nights" 속으로
그러나 늘 중간에 길을 잃거나
많은 사람들 틈에서 차를 놓치거나
무섭고 황량한 벌판 가운데 낯선 길 위에
빈 깡통처럼 버려지게 된다
너는 알 수 없는 먼 곳
찾아갈 수 없이 먼 곳에 있어도
네가 있던 옆자리는 늘 빈 채로
너를 기다리고 있어
꿈은 언제나 공허하게 비어 있다
네가 돌아오는 날 Casablanca의
Rick' s Cafe "American"에서
우리가 좋아하던 "Time goes by"를 들으며
네 붉은 입술에
Ice cream을 얹은 Blueberry Pie 같이
새콤달콤한 키스를 해 주리라
이별이 없었던 것처럼
키스가 처음인 것처럼
사랑이 처음인 것처럼
꿈속이 아닌 것처럼…

인생

희극배우에게 희극은 비극이고
비극배우에게 비극은 희극이고
우리네에게
비극은 억장이 무너지는 일이고
희극은 맥없이 박장대소할 일인 것 같지만
실은 비극이 희극이고
희극이 비극이어서
모두 허망한 농담 같은 것
모두 새빨간 거짓말 같은 것
모두 그렇게 속고 사는 것
그래서 인생은
그렇게 시작도 끝도 없이
갈팡질팡하다 끝이 나는 것
그래서 희극은 눈물로 끝이 나고
비극은 헛웃음으로 끝이 나는 법이란다
인생은 모두 벗어 놓은
헌옷 같은 것이지

천차만별

힘드는 일이다
산다는 것이
원해서도 아니고
아니라고만도 할 수 없으니
등 떠밀려 태어나 여태까지
뭣 모르고 살았을 수도 있고
최선을 다하지는 않고
비겁하게 힘들다 투정을 부리며
헛애만 쓰고 있는지도 모르지만
죽기 살기로 살았다 해도
역부족이어서
나아질 가망이 보이지 않아
마냥 심술을 부려보지만
이대로 만족해야 할 일이다
세상이 공평하다고 아무리 우겨봐도
모두 같지 않아서
언제나 천차만별은 있기 마련
산다는 것이 그래서
늘 파란만장이 아니더냐

시한부 인생

모든 사물에 시한이 없다면
알 수 없네 좋을지 나쁠지
달은 차면 기울고
꽃은 열흘을 못 넘긴다 했고
세도도 십 년을 못 넘긴다 했으니
서러울 것도 없는데
천년만년 살 것처럼 무심하다가도
허세를 부리다가도
별일이 생기게 되면
호들갑을 떨게 되나 보네
탯줄 끊고 발 도장 찍을 때
벌써 정해졌는데
기다리는 것은 오직 죽음뿐
날마다 다가가는데
어찌하여 지난날들에 소홀했을까
남은 날들의 소중함은 왜 미처 알지 못했을까
오늘도 해가 지고 달이 뜨는데
머지않은 곳에 떠밀려질 절벽이 보이는데
"버켓 리스트(Bucket list)"라도 서둘러 만들어
너와 나의 소중한 시간을
헛되지 않도록 남은 시간을
살아 있는 소중함을 감사해야 하는 것을

제목 없는 시 · 1

서러워 말아라
울지도 말아라
소리 없이 지고 마는 붉은 꽃아
지기 위해 피고
죽기 위해 사는 일이
쉽지만은 않은 것을
난들 모를 리야 있겠느냐
언 눈 녹는 세상도 보고
연둣빛 새순도 보지 않았느냐
꽃도 열매도 없는 나무도
많이 있느니라

서러워 말아라
울지도 말아라
여전히 술은 마시면 취하고
세상은 순리대로 돌아가느니
꽃샘추위도 지나갈 것이고
질긴 가뭄 끝에는 결국
봄비도 오지 않겠느냐
시들어가는 풀꽃아
흩어지는 꽃잎아

제목 없는 시 · 6

비루먹은 나귀처럼 꺼칠한 전봇대에 매달린 신호등. 한쪽 눈알이 빠진 자폐증 환자 초점 잃은 시선은 허공으로 점멸 신호를 보낸다. 가라 멈춰라 가지 말고 서라 내게도 명령을 하는 듯 애원을 하는 듯 아니면 지평선 저 너머에서 오는 비밀스런 신호를 기다리는 듯 알 수 없는 신호를 주고받는다. UFO는 오지 않을 것이다. 오늘도 저녁이면 해가 지고 어두워지고 내일이면 다시 일찍 해가 뜰 것이고 여하튼 신호등은 쉬지 않고 점멸할 것이고 나는 이 길을 건너갈지 기다릴지 망설일 것이지만 사람들은 서둘러 뛰어 갈 것이다. 날이 갈수록 증상이 심해지면 나는 점점 불안해져서 숨거나 다른 길을 돌아다닐지도 모른다. 날이 가고 달이 가고 저 풀 수 없는 암호 때문에 UFO는 절대 오지 않을 것이다.

아! 별 중에 밝은 나의 α별 "알페라츠(Alpheratz)"로 가야 하는데…

Note : α별 알페라츠(Alpheratz)는 지구로부터 225만 광년 떨어진 M31안드로메다 은하 중 가장 밝은 별이다.

제목 없는 시 · 7

저 하늘을 봐
힘들면 저 푸른 하늘을 봐

가슴이 무너져 내리거든
땅이 꺼져
주저앉을 수밖에 없거든
그냥 죽고 싶거든
저 하늘을 봐

온 세상을 집어 삼키던
무서운 폭풍우가 지나고 나면
무지개 피어나는 하늘이 있잖아
어린 풀꽃들도
작은 나뭇잎들도 하늘을 보고
새들도 높이 날아오르는
저 푸른 하늘을 보면
희망을 버릴 수는 없잖아
저 높은 하늘

저 푸른 하늘을 봐

제목 없는 시 · 9

열어라
문을 열어라
열면 세상으로 통하고
열면 천국으로 통하는 문
활짝 열어라
맺힌 응어리도 풀고
묵은 한도 풀게 마음도 열어라

홍살문도 열고 열녀문도 열고
일주문도 열고 불이문도 활짝 열어라
대궐문도 열고
동대문도 열고
남대문도 열고
문이란 문은 모두 열어라

현관문도 열고
방문도 열고 들창문도 열고
가슴을 열고 하늘을 보아라
여기가 천국이고
여기가 극락이란다
닫힌 문으로는
행복도 사랑도 오지 않는다
열어라 내가 왔다
문을 열어라

제2부

행복합니다

앞으로는 모두가 더 행복한 세상
늘 웃음꽃 피는 세상에서
날마다 살기 좋은 세상이 될 것이고
아플 일 없는 세상이 될 것입니다

행복합니다

나는 참 행복합니다
지구가 생기고도 45억 년이 지나
태어나서 얼마나 다행인지
기아와 가뭄과 무지의 땅
열사의 사막 아프리카가 아니라
삼천리 금수강산 대한민국이어서 다행이고
지금은 남의 땅 고구려도 아니고
평양도 아니고 서울이어서 엄청난 행운이고
백제의 난민도, 신라의 무수리도 아니고
6 · 25 전쟁에서도 살아남아
4 · 19 혁명의 주역으로 민주주의를 쟁취한
위대한 세대여서 자랑스럽고
수출의 역군으로 조국 근대화에
앞장섰던 일꾼이어서 행복합니다
사랑하는 아내와 자식들이 있고
늘 기댈 수 있는 친구들이 있어 행복합니다
이제 이 좋은 세상 두고 간다 해도
더 바랄 것이 없겠지만
앞으로는 모두가 더 행복한 세상
늘 웃음꽃 피는 세상에서
날마다 살기 좋은 세상이 될 것이고
아플 일 없는 세상이 될 것입니다
앞으로도 매일 아침 둥근 해가 뜨고
하늘은 늘 푸를 것입니다
나는 행복합니다

감사

하느님께 감사하고,
부처님께 감사하고,
조상님께 감사하고,
이목구비 수련하게 점지해주신
삼신할미께 감사하고
할아버지는 못 뵈었으니 할 수 없지만
할머니의 지극했던 사랑에 감사하고
먹이고, 입히고, 공부시키고
반듯하게 키워주신 부모님께 감사하고
젊은 한때는 비무장지대에서
나라를 지키며 버틸 수 있어서 감사하고
오대양 육대주가 좁다고 맘껏 뛰어다니며
일할 수 있었던 직장이 있었고
열심히 도와주던 동료들이 있었기에 감사하고
지금까지 무탈하게 잘 자라준
자식들이 있어 감사하고
둥지가 되어 고생을 낙으로 삼고
말없이 살아준 아내가 있어 감사하고
변함없이 사철이 오고 또 가고
해마다 별일 없이 한 살씩 먹어 감사하고
별 탈 없이 이만큼 세상을 살았으니
감사할 일이 이보다 어디 더 있겠나
그저 모두 감사할 뿐이라네
염라대왕님 감사합니다
하느님 감사합니다

나의 일상

태초에 시간이 시작되었다고는 하지만
나는 시간을 알 수 없다
새벽이 어둠을 찢고 찾아오면
일상은 돌아갈 수 없는
시간의 다리를 건너면서 시작된다
어떤 날은 느리게
어떤 날은 방정맞게 서둘지만
내 시간은 세상과 무관하게 간다
아침은 챙겨 먹는지
한쪽 삭신의 통증이 고통스러운지 상관없이
사람들은 각자 투명한 버블 같은
시간의 다면체를 타고
스마트폰이나 인터넷을 통해 아니면
막연히 느낌만을 주고받으면서
서로의 상태를 살필 뿐
소통은 단절되고 접촉은 없다
하루가 끝나면 그때서야
아내의 품속으로 파고들어
체온을 느낄 수 있는 삶으로 돌아온다
한낮의 시간은 유리된 채
결국 어둠만이 나를 있게 해서
내 시간은 가지 않고 정지해 있는 것
끝을 알 수 없는 시간의 다리를
결코 건널 수는 없어
나는 정지한 시간의 노예일 뿐이다

간 보기

아침에 일어나면 창틈으로 슬쩍
날씨가 어떤가 간을 본다
다음은 화장실로 가서
거울 한번 슬쩍 쳐다보고
몸 상태의 간을 보고
아침상 받기 전 잠깐 동안 신문을 뒤적이며
세상은 어떤지 대충 간을 보고
아침을 먹으면서
아내의 눈치를 살펴 간을 보고서야
오늘 하루도 무사할지 머리를 굴려본다

그러나 하루 종일 부딪치는 수많은 사람
일어나는 수많은 일들이
아침에 대충 간을 보고 굴린 내 머리로는
감당이 안 돼서
제대로 되는 일은 하나도 없다

산전수전 다 겪으며 세상께나 살았다지만
이제는 맛이 가서
공연히 간을 보겠다고 나서지 말고
주접도 떨지 말고
주는 대로 먹기나 하고
찍 소리도 내지 말고
엎디어 있어야겠다

잃어버린 것들 · 2

나는 어떻게 해야 하나
선조들은 나라도 잃어버렸고
땅도 잃어버렸고
할아버지 때는
전쟁 통에 목숨도 잃어버렸고
아버지들은 사느라 힘들어서
체면도 양심도 잃어버렸고
그나마 다행으로 먹고살 만해졌지만
친구들은 의리도 우정도 잃어버렸고
사람들은 양보와 배려를 잃어버렸고
기다림과 참을성마저 잃어버려
어디를 가나
어디를 돌아보나
모두 다 잃어버렸으니
각박하고 조급할 뿐이어서
이제는 마음 붙일 곳도 없고
도움을 청할 곳도 없으니

누구랑 손잡고 살아야 하나
어떻게 살아야 하나

노을이 지면

노을이 지면 떠나야지
어스름이 찾아들기 전에 떠나야지
무거운 짐은 벗어 놓고
매듭은 풀어 놓고
가볍고 단정한 마음으로
먼 길을 떠날 때처럼
어머니가 계시던
안채를 향해 인사를 드리고
동무들 이름도 하나씩 불러보고
갯물이 빠지듯
만산이 단풍으로 물들 듯 천천히
서슬한 바람처럼 소리 없이 가야지
미련도 사랑도 다 내려놓고
가볍게 빈손으로
산모롱이를 도는 바람처럼
나뭇잎 흔드는 물소리처럼
웃으며 떠나야지
어스름이 찾아들기 전에
노을이 지면 떠나야지

지금 어디쯤에

나는 지금 어디쯤 가고 있나
신새벽에 시작해서
온종일 밤늦게까지
하루도 쉬지 않고 살았는데
진정 내가 살았는지
누가 나를 살려 주었는지…
바다에 표류하는 작은 배처럼
시간 위에 그냥 떠밀려 갔는지
왔는지
나는 알지 못하네
내 안에 저만치
앞서 걸어가고 있는 저 사람
저 사람이 나일까 아니면 누구일까
매일처럼 오늘도
치열하게 살아
미련도 후회도 없이
휘적휘적 앞서가는 걸까
그가 가는 곳은 어디쯤일까
나는 어디로 가고 있나
이대로 가면 되는 것일까
날이 저무는데
해가 지는데
나는 지금 어디쯤 가고 있나

응급실

응급실에 가 누워 보면
가장 치열한
삶의 한 단면들을 볼 수 있다
어떤 이는 목숨이 경각에 달려
생사를 넘나들기도 하고
더러는 피투성이가 되어 시각을 다투고
평온했던 일순간에 파탄이 난 사람들
그러나 응급실에는
그들의 삶을 이어줄
의사들이 기다리고 있다, 하지만
절단 난 내 상처
뼈아픈 이별의 상처가 그렇고
가슴 찢어지는 상처도
안으로만 흐르는 피눈물을 닦아줄
명의는 찾을 수 없고
응급실은 어디에도 없다
그래도 살아가야 하기에
생각다 못해 혼자라도
무릎 꿇고 엎드려
기도하며 용서를 빌어 보리라
소리 내어 울면서 용서해 보리라
혼자서 마냥 걸으며 풀어내 보리라
그리고 지금처럼 여전히 살아가리라

인연

옷깃을 스치는 것만으로도
인연이라 했지만
엇갈려 가는 길은
인연도 아니고
짝사랑을 아무리 열심히 해도
이루어지지 않는 짝사랑은
사랑도 아니지
헤어진 첫사랑을 잊지 못한다고
아무리 눈물을 짜도
돌아가 붙잡지 못하면
사랑도 아니듯이
기회는 붙잡지 못하면 그만이고
마음을 전하지 못하면
사랑은 결코 오지 않아
온몸으로 목숨 걸고 붙잡지 못하면
기회는 날아가고 말겠지
인연은 그 시작을
시작하는 일이고
사랑은 그 시작을
실천하는 일이고
그 사랑을 열심히
가꾸고 섬겨야 하는 일이지

시작

다시 시작할 수 있다면
처음으로 돌아가
지금 하나씩
다시 시작할 수 있다면
그때는 알 수 없었던 일들을
바로잡을 수 있을 것을
첫사랑도 붙잡을 수 있을 것이고
그때는 알지 못해서
그때는 힘이 들어서
그때는 세상이 너무 무서웠는데
그때 못한 일들을
그때 잘못한 일들을
목숨 걸고 부딪쳐 싸워서라도
옳게 해낼 수 있을 터인데
덧없이 지나간 시간들
다시는 돌아오지 않는 시간들
이제는 회한만 남아
되돌릴 수 없게 되었네
다시 시작할 수 없게 되었네

장막을 걷어라

아침 일찍 눈을 뜨면
커튼부터 열어젖히고
어둠을 몰아내고
밝은 아침 햇살을 불러들여라
어둠은 밝은 세상의 반대편
나를 제약하고 세상을 가르는 검은 힘이다
정신을 혼미하게
판단을 흐리게 하는 장막을 거두어라
가슴에 겹겹이 드리운 편견과 아집의 장막
혼돈과 열락과 무질서로
밝은 세상을 가리고
무리를 갈라 세우는 장막을 걷어라

저 푸른 들판을 보아라
어디에도 가림막은 없고
저 산에 나무들은 벌거벗은 채로
서로의 어깨에 기대고 섰다
하늘에도 바다에도
불을 밝히는 등대는 있어도
빛을 가리는 장막은 없다
가슴을 열어라
장막을 걷어라
아침 태양이 떠오른다
밝은 햇살 민낯의 우리들 세상을 보자

날고 싶다

그간 땅속으로만 다니며
깊은 내공을 쌓았으니
난 이제는 하늘로 날고 싶다
꿈속에서처럼
푸른 바다 위를 나는 하얀 물새처럼
하늘 높이 날았으면 좋겠다
철 따라 오고 가는 철새로도 좋고
눈총만 받는 까치나 비둘기여도 좋고
방향도 잘 못 잡고 날다 떨어지는
푸른 무인기라도 좋고
대충 날다 마는
끈 떨어진 연(鳶)이어도 좋은데
하여튼 날 수 있는 방법이 있을 터
아니면 아파트 베란다에서
하늘을 향해 뛰어 오르면
날 수 있을지 모르겠다
어찌되었든 한번 날아봐야겠다
하늘 높이 올라가
세상을 한번 내려다봐야겠다
"Fly me to the Moon!"
지구를 탈출할 때까지
이제는 높이높이 날아야겠다
이제는 하늘로 날고 싶다

선물

귀한 선물로 받은
한 쌍의 십장생문양 칠보 합
하나는 책상 위에 올려놓고
아끼는 소품들을 담아 놓았고
하나는 책상 아래 놓게 되어
자연히 허접한 쓰레기가 담기게 되더니
하나는 보석함이 되었고
하나는 쓰레기통이 되었네
쓰레기통이 된 그릇에게 미안해서
다음에는 깨끗하게 손질을 해
바꿔 놓아야겠다는 생각이 드는데
세상에는 하늘과 땅이 있고
천국과 지옥이 있다고 하지만
귀천은 타고나는 것도 아닌데도
사람들에게도 귀함과 천함이
놓임과 쓰임에 따라 달라지네

누구에게나 궂은날도 있고
해 뜰 날도 있을 터
실망도 포기도 말고
언제나 열심히 노력해야지
우린 모두 귀한 선물이니까
우린 모두 귀한 사람이니까

바른 세상

가슴을 열고 바른 자세로
고개를 들고 앞을 보고
당당하게 걸어가며 살라고 했는데
왼쪽으로만
고개를 돌리고 가는 사람
오른쪽만
쳐다보고 가는 사람
몸을 구부리고 사정없이 요리조리
달리며 빠져나가는 사람들이 많아졌네
무엇이 세상을 이렇게 바꾸고
변하게 만들었나
과정과 노력을 간과해서
경쟁심은 도덕을 무너트리고
결과만으로 평가를 받는 세상
스스로를 존중할 줄 모르고
반성할 줄 모르는 세상이 되었네

바른 세상을 만들어야 하는데
밝은 세상을 만들어야 하는데
행복하게 살아야 하는데
모두가 내 탓이네

길

길은 끝이 없다
사통팔달 방향도 알 수 없지만
푸른 들판 길
꽃 피는 언덕길도 있지만
천국으로 가는 길도 있고
천 길 낭떠러지로 떨어지는 길도 있어
길은 끝이 없다
길을 나서면 그 길은
도전과 실패와 고난의 연속으로
설사 앞서간 사람들의 길을 따라간들
그 길은 한낱 이정표에 불과할 뿐
내게는 처음부터 가보지 않은
낯설고 험난한 길일 뿐
수없이 방향을 잃고 헤매게 될 것을
이 길은 가야 하는 숙명이지만
길은 언제나 끝나지 않아
끝까지 가지 못한 채 기진하여
무릎이 꺾여 짐을 내려놓게 되어도
기진하여 숨을 놓게 되어도
길은 결코 끝나지 않는다
길은 끝이 없다

그곳

광대한 우주 속 어디쯤에
아니면 구천 하늘 어디쯤에
그곳이 있을지도 모른다
아니면 천길만길
땅 속, 바다 속일지도 모른다
언제 가야 할지도 모르고
어떻게 가야 할지 모르지만
누가 가르쳐 주지도 않아
가다 말다를 반복해가며
소리 없이 먼저 간 사람들처럼
그냥 가야 한다
지금은 모르지만
지금이 아니라면 얼마쯤 후에는
언제쯤 가야 하는지 알게 되겠지
철이 바뀌고 해가 바뀌고
세상이 바뀌고 나서
지금은 기다리지만
가야 한다 그곳으로
아주 조용하게 아무도 모르게

기다림 · 1

온전한 것은 없다
설렘도 기대도 걱정도 조금씩
섞어 빚어가며 익어가는 것이지
작은 샘물이
처음으로 물길을 내어
개울이 되었다가
시냇물이 되었다가도
어느새 물길이 막혀
습지가 되고
늪이 되는 것처럼
기다림은 순식간에
아니면 오래도록 기다린 끝에
마침내 절망과 낙담으로
끝이 나고 마는
그래서 긴 슬픔만이 여운으로 남는
또 다른 이름일 뿐이다
그래서 기다림은
외로움의 다른 끝이란다

사소한 것들이

깜짝 놀랄 만큼 큰일만이
세상을 바꾸지는 않는다
연약한 노란 새싹이
제일 먼저 언 땅을 뚫고 나와
겨울을 밀어내는 것처럼
아주 작은 틈새가
마침내 큰 바위를 깨뜨리는 것처럼
예기치 못한 사소한 사건 하나가
역사를 바꾸게 되거나
아주 하찮은 선택 하나가
인생을 바꾼다는 것을 안다
작고 사소한 일일수록
중요한 일의 시작이고
작은 결정의 순간들은
언제나 인생의 갈림길이 된다
그래서 작은 일 하나는 인생을 바꾸고
인생은 나라를 바꾸고
세상을 바꾸게 되는 것이다
그래서 인생에는
사소한 일이란 없는 것이다

그럴 수밖에 없는 것은

내가 너를 미워할 수 없는 것은
네가 외로움을 알기 때문일게다
혼자 받는 밥상에 놓인
정갈한 한 벌의 수저처럼…

내가 너를 좋아할 수 있는 것은
네가 소슬한 슬픔마저
알아볼 수 있기 때문일게다
아마 그것은 하얀 배꽃 위에 쏟아지는
처연한 달빛 같은
슬픈 눈을 가져서일게다

내가 너를 사랑할 수 있는 것은
네가 베풀고 나눌 수 있는
마음을 열 줄 알기 때문일게다
때로는 푸른 바다처럼
그리안기도 하고
때로는 푸른 하늘처럼
무심할 줄도 알기에

사랑할 수밖에 없어도
어쩌지 못하는 것이 내 마음일게다

문

문은 세상을 둘로 나눈다
닫힌 세계와 열린 세상으로 나뉘어
나를 속박한다
안으로 들어서면
과거의 시간들이
대장경의 목판처럼 각인되어
순서대로 쌓여 있고
밖으로 나서면
정글의 법칙이 치열한
원시의 세상이 펼쳐질 것이다
그 문을 활짝 열어젖히면
원초적 본능을 자극하는
정글에 핀 무지개가 보일 것이고
보이지 않는 미래로부터
보이지 않는 단절로부터
죽음 같은 함정은 순식간에
숨통을 조여 올 것이지만

문을 열어라
미래를 향해 열어라
성취를 향해
정글의 법칙이 살아 있는
시퍼런 세상을 향해
문이 성벽이 되어서는 안 된다

상처

고목에는 찢겨진 상처가 많듯이
누구나 아픈 상처를 그러안고 산다

피가 철철 흐르던 상처도 있고
가슴이 찢어지던 상처도 있다
동백꽃 떨어진 자리처럼
차츰 새살이 돋고 딱지가 앉아서
근이 박힌 옹이로 굳어가
나이테를 더해가며 깊어가서
달콤한 행복의 향기는 다 날아가도
아픔의 흔적은 지워지지 않게 된다

그래서 첫사랑의 달콤함은
쉽게 잊는다 해도
배신의 아픔을 기억하는 것은
문신처럼 새겨진 상처의 흔적에서
뜬금없이 환상통으로 살아나는
아픔이 있기 때문이다

그래도 나이 든 상처의 우리한 고통이
나를 견디게 하고
나를 살게 한다

파멸

일상에서는 경험할 수 없는
지독히 잔인한 일조차 꿈을 꾸지만
삶을 함부로 버릴 수는 없는 일
가벼운 신념마저도 굽힐 수는 없어도
다만 조금씩 앞으로 나가야 하는 것
비록 앞선 자들의 선택과
핍박 속에서 다소 뒤처질지라도
조금씩 진화해 가야 할 뿐
퇴화하지는 않을 것이다
머뭇거리고 있는 시간 속에서
재촉하듯 종소리가 울려 퍼지거든
절망하는 영혼에게
따뜻한 사랑을 베풀어 주어라
희망을 주고 그도 아니면
소일거리라도 만들어주어라
누구에게나 서러운 종착역은
어둠에 젖어 거기 항시 기다리고 있으니
네가 어찌 할 수 없을지라도
희망을 포기하지는 말아라
믿음을 저버리지는 말아라
실망은 곧바로 너를
절망으로 이끌고
파멸로 이끌고 말 것이다

적막

텅 빈 하늘보다 더
넓어 보이는 골방
혼자 틀어박혀
보지도 않는 TV에서 빛과 소리는
유성우처럼 흘러나오고
빛깔도, 바람도,
시간도 멈춰버린 하루가
미라가 되어 가고
웃을 일도 들을 말도
노래 부를 일도 없어서
죽어야 사는 시간 위로
시곗바늘은 느리게
그러나 쉬지 않고 움직이고
추적추적 비는 창문을 두드리고
축축하게 젖은 대낮이 적막이 되어
골목으로 난 들창 그리로
천천히 고개를 디밀어
소리 없이 슬슬 기어 들어와
어둡고 눅눅한 벽에 등을 기댄 채
웅크리고 누우면
적막은 결코
쉽게 깨어지는 법이 없다
나도 막막한 적막이 되어 간다

여행 계획

연초가 되면
새로운 여행 계획을 세운다
올해는 어디로 가나에서부터
목적지와 경유지를 정하고
기간과 일정을 경비를 따진 다음
구체적이고 상세하게 계획을 짠다
숙소를 정하고 비행기 편을 정하고
실행 계획을 찬찬히 수정해가면서
이렇게 해마다 세운 계획대로라면
지구 구석구석 안 가본 데가 없을 텐데
수없이 계획을 세우고 바꾸면서
일 년이 가고 또 새해가 되어
아직 한 번도 여행을 떠나보지 못했다
새해의 계획도 이렇게 열심히 세우고
검토하고 수정하면서 실천했으면
성공한 삶이었겠지만
떠나지 못한 여행처럼 언제나
삶은 계획대로 되지 않았다
목표와 계획은 늘 부족한 나에게
이룰 수 없는 목표와 계획이었고
그래서 삶은 지금도 계획 중이고
수정 중이라니까

소외감

지하철 2호선은 10여 칸을 길게 연결해
인공위성처럼
지구 궤도를 도는 우주정거장
나는 수만 광년 떨어진
안드로메다은하에서 온 외계인이 되어
이 우주정거장에 탑승한다
화장을 하는 여인들은 어느 별에서 왔을까
모두 안테나가 연결된 이어폰을 꽂고
무전기를 열심히 들여다보면서
각자 임무대로 다른 세상과 교신을 한다
마치 칸막이가 쳐진 유리어항 속
무중력 캡슐로 분리된 채
시간도 공간도 차원도 다른 세상과
비밀스러운 교신에 빠져 있다
소통할 수 없는 외계인이 되어
단절된 외로움을 느낀다
아름다운 푸른 별 지구가 사랑스럽지만

외로운 고향으로
나의 별 안드로메다은하로
서둘러 돌아갈 때가 되었나 보다

지하철 풍경

서울의 지하철은
무한궤도에 쏘아 올려진
연합군의 우주정거장
3G로 무장한 광복군은
뒷문 쪽 구석자리에서 눈감고 경계를 서고
최신 LTE로 무장한
하의 실종 신세대 여군들은
무대 중앙에서 거칠 것이 없어
젊은 군인들은 주눅이 들었고
아줌마 부대는 인정사정 볼 것도 없고
실력도 능력도 없어 보이는
Note 2, 3 샌드위치 세대는 건수나 만들려고
여기저기 기웃거리며
전화번호 돌리기에 정신없어도
우주정거장은 안전하고 정확하게
시간에 맞추어 운행되지만
불미한 접촉사고는 여전히 계속되고
2중 문이 열리고 닫히는 동안
근무교대가 신속하게 끝이 날 것이므로

오늘 임무가 뭐였는지 헷갈리지 말고
열차 바꿔 탈 때 정신 놓지 말아야 하는데
동서남북 헛갈리지 말아야 하는데
왼쪽인가 오른쪽인가…

평화의 문

올림픽의 영광을 위해
나라의 번영을 위해
세계의 평화를 위해 세운 문
위대한 상징의 문 아래 서서
쉬지 않고 타고 있는 불꽃을 본다
수천 년 인류가 염원한 평화
모두가 지켜내야 하는 평화로운 세상
불멸의 정신이 횃불로 타고 있다
더 빨리(Citius), 더 높이(Altius),
더 힘차게(Fortius),
경기를 하던 위대한 선수들처럼
우리는 꺼지지 않는 횃불로
들불 같은 염원으로 지켜냈지
이 땅의 평화를
높이 치켜들었네! 번영의 깃발을
상징의 문 불타는 횃불 앞에서
겸허한 마음으로 다짐하네
내게도 평화를
내게도 번영을
내게도 영광을 허락하소서
위대한 힘이시여
위대한 정신이시여

제3부

엄마의 정원

봉선화가 필 때쯤이면
엄마의 정원이
가슴 아프게 보고 싶어진다
어머니가 눈물 나게 보고 싶어진다

엄마의 정원

감나무 밑 어머니의 꽃밭은
봉선화, 채송화, 백일홍 그리고
밭 끝 쪽에 맨드라미와 달리아가 있는
작고 소박한 꽃밭이었다
정성으로 몇 그루의 모종을 심고
모종이 쓰러지면 어쩌나
봉선화 색깔이 예쁘지 않으면 어쩌나
담장 한편에서 앵두가 익을 때까지
진딧물이 잘 끼는 봉선화에
정성을 더 쏟으셨다
고심 속에 그렇게 여름이 오면
봉선화 꽃잎을 찧어 백반에 개고
호박잎에 싸서
우리들 손톱에 동여매주시었다
능소화가 흐드러지게 피고 나면
그 해 여름이 가고
가을이 익어 갔는데
어머니의 꽃밭도 허물어져 갔고
이제 내 가슴 속에만 남아서
해마다 꽃모종 심을 때쯤이면
앵두가 익어 갈 때쯤이면
봉선화가 필 때쯤이면
엄마의 정원이
가슴 아프게 보고 싶어진다
어머니가 눈물 나게 보고 싶어진다

밴댕이젓

쌈을 좋아하시던 어머니
여름이면 밴댕이젓갈을 알맞게 다져놓고
갖은양념으로 살짝 버무려
시퍼런 상추와 함께 내놓으셨다
짭쪼롬하고 비릿한 젓갈
성질 고약한 밴댕이가
얼마나 속이 터지도록 참았으면
이렇게 맛깔스럽게 곰삭았을까
밴댕이를 잡아온 늙은 어부도
땡볕에서 소금을 구운 태안의 염부도
젓갈을 버무려 때를 맞추시던 어머니도
바다와 햇살과 바람과
시간의 철학을 알고 기다리신 듯
어느 것 하나 혼자되는 일 없이
숙성의 시간 그 기다림이 삶이 되는 것을
소갈머리 없는 밴댕인들 왜 몰랐겠나
올여름에는 꽁보리밥 상추쌈에
감칠맛 나는 밴댕이젓이
복더위를 쉽게 물리쳐 주겠네
어머니 생각에 눈물 나겠네

내 아버지의 초상

소년가장이 된 아버지
국민학교를 졸업한 어깨에
가난의 굴레가 씌워졌지만
해방과 6 · 25 전쟁의 소용돌이 속에서도
집안을 일구고 식솔을 건사하는 일에
늘 허리가 휘었다
스스로 채찍질 해가며 독학을 해가며
차츰 신망을 얻어갔으나
샌님 같은 소심한 성격은
지나치게 신중해서
실패를 줄일 수는 있었겠지만
큰 성공을 이룰 수는 없었다
그래도 사는 동안 중심을 잡고
사리에 어긋나지 않았으며
버티고 견딜 수 있었던 힘은
그를 지켜준 어머니와
그가 지켜야 할 자식들이었다
세상은 늘 그를 힘들게 했어도
세파에 휩쓸려 비겁하지 않았지만
좋은 세상을 보지는 못하고 미수에 가셨다
차가운 제단에 엎드려
아버지가 그리워 간신히 눈물을 지운다

복달임

어린 시절 아버지가 생각나네
복중에 날을 잡아 친구들과
자하문 밖 물 좋은 계곡으로
한바탕 천렵을 가실 때면
룩색(Rucksack)에 냄비와 먹거리를 대충 담고
남대문 어시장에서 민어 한 마리를 사서
애호박이며 감자 양파에 풋고추를
숭덩숭덩 썰어 넣고 매운탕을 끓이고
계곡물에 발을 담그고 목물을 하면
이런 신선놀음이 없었다
아버지가 끓여주신 그 민어 매운탕 맛을
어찌 잊을 수가 있을까
천렵을 못 가는 해에는
가시 많은 준치탕으로
온 식구가 땀을 내고 나면
아버지는 빳빳한 가시를 추려
물고기 모형을 만들어 매달아 주셨는데
이제는 세상이 변해서 복달임도 잊고
친구들도 뿔뿔이 흩어졌으니
씨암탉으로 백숙이나 달여 달라고
처갓집에 대고 심술이라도 부려봐야겠네
세월이 하 어수선하더니
장마마저 기승을 부리는 모양이
올해도 한 복더위 하겠네…
아버지 생각에 눈물 나겠네

할머니의 연시

소슬한 바람이 지나가고
푸른 달빛 교교한 밤
첫서리가 하얗게 내리고 나면
대봉 연시를 정성으로 따 내려서
장독대 채반 위에 수북이 쌓아놓고
정화수 한 사발을 받쳐 놓으시고
할머니는 두 손 모아 복을 비셨지
밝은 해가 떠오른 다음날 아침
달 항아리에 짚을 깔고
정성 들여 연시를 재어 넣으시고
겨우내 할머니는 행복하셨지…
눈이 하얗게 쌓인 울타리 끝
까치밥이 매달린 감나무 가지에선
아침마다 까치소리가 시끄러웠지
손주들이 내려올 때까지
장독대에 눈은 소복이 쌓여갔고
연시는 맛이 달게 깊어갔고
겨울은 연시처럼 매섭게 익어갔지
겨우내 할머니는 행복하셨지…
할머니의 사랑이 깊어갈수록
할머니의 허리는 그렇게 굽어갔지…

바른 길

어릴 때 할머니께서 이르기를
무욕의 마음으로 세상을 보면
배워야 할 것이 많다 하셨는데
하늘이 높고 푸른 것은
원대한 희망을 품으란 거고
물이 투명한 것은
몸과 마음을 맑고 깨끗하게
씻고 닦으란 뜻이고
바람이 나뭇잎을 쉴 사이 없이
흔들고 지나가는 것은
항상 남의 말을 귀담아 듣고
헤아리라는 뜻이고
천둥과 번개는
바른 마음을 잃어버린 사람들에게 내리는
경고와 벌이라 하시면서
겸손하고 바르게 살면
두려워할 일이 없다 하셨지만
난 그리하지 못해서
마음을 비우고 살지 못해서
지금도 맑은 날 천둥 번개 치는
날벼락이 제일 무섭다
이제는 할머니 얼굴도 생각이 잘 안 나는데
다정한 목소리 귓가에 들리는 듯하네

친구

너는 나의 등대
먼 바다 한가운데
작은 바위섬에 등대 하나
혼자서 외롭겠지만
망망대해를 지나는 작은 배에게
든든한 희망이 되듯이
가슴에 언제나 불을 밝혀 줄
등대가 하나 있으면 좋겠다
힘들고 외로울 때 위로가 되고
지치고 아플 때 친구가 되고
혼자서 말없이 기다려주는
심지 깊은 친구였으면 좋겠다
먼 훗날
네가 등대가 되어
내가 외롭지 않았다고
말할 수 있는
네가 내 친구였으면 좋겠다

개살구

개차반, 개망나니처럼
개 자(字)가 붙으면
사람들은 다 나쁘다고 생각하지만
꼭 그렇지만도 않다
텃밭 끝자락 개살구나무에
올봄에는 제법 실하게 살구가 열렸는데
사람들이 별로 거들떠보지 않는다
개살구도 맛들일 탓인데
입속에 군침이 돌기는 해도
그 새콤한 맛을 견딜 자신이 없는지
서리해가는 아이들도 없어
제법 탐스럽게 익어 가는데
개살구 지레 터져
다 떨어지기 전에 따 내려서
살구주나 담가 놓고
친구들이나 불러야겠다
올해는 개살구가
한 구실을 하겠네
벌써 여름이 다 왔나 보네

개미

붉은 넝쿨장미가
활짝 핀 담장 아래서
개미 한 마리가
저보다 수십 배는 커 보이는
잠자리 날개 한 짝을 물고 내달린다
제 몸집으로 감당하기가 어려워
연신 곤두박질치면서 잘도 달린다
너무 서둘렀나 방향을 잃었나
몇 번씩 가던 길을 오르락내리락하면서
허둥대며 내닫는 모습이다
혼자 먹으려고 저리 서둘지는 않을 터
젖먹이 새끼들이 기다려서일까
공양할 부모가 기다려서일까
또 엎어지고 넘어지면서
저리 서두는 이유는 알 수 없지만
저 절박한 몸짓은 무엇일까
한낱 미물이라
치부할 일이 아니라는 생각에
내 발등으로 겁 없이 기어오르는
또 한 놈을 함부로 내칠 수가 없네
개미가 나보다 커 보이네
사람보다 나아 보이네

바보

어려서부터 총명하고
부지런하다 소리를 듣고 자랐는데
처음 회사에 입사한 날 내 책상은
문 앞 급사 아이 옆 자리였다
제일 안쪽 공장장님 넓은 책상까지
난 몇 년이 걸릴까 짐작이 가지 않았는데
눈 깜짝 할 사이에 내 차례가 되어
그 뒷자리에서 짐을 싸 집으로 돌아와서야
할 수 있는 일이 없다는 것도 알게 되었다
세상은 점점 바삐 돌아가고
신문을 봐도 다 남들의 이야기뿐이고
사람들은 하나씩 멀어져 갔고
허접한 시간은 천천히 쌓여 갔다
밖에 나갈 일은 하나씩 줄어 갔고
욕심도 줄어 갔으나
병원 갈 일은 늘어 갔지만
궁금한 것도 별로 없어지는 것으로 보아
바보가 되어 가는 것이 틀림없다
살다 보면 그리 되는지
세상이 그리 만드는지는 알 수 없으나
바보가 되니 세상이 편하다
나는 틀림없는 바보다

추석

내 추석은 슬프네
덩그러니 떠 있는 보름달도 슬프고
혼자 지내는 차례도 그렇고
어릴 적엔 아버지께서 옆에 앉혀놓고
홍동백서(紅東白西)
조율이시(棗栗梨柿) 하시면서
차례상 차림을 일러주셨는데
친척들 모두 모여 차례를 올릴 적엔
아이들은 안마당 멍석 위에서
어깨를 밀어가며 절을 올렸는데
아버지는 상 위에 올라 계시고
혼자 지내는 추석 단출하기만 해
들판은 누렇게 물들어가고
바람은 한층 소슬해져
풀벌레 소리 유난히 맑은데
혼자 치는 술맛은 쓰기만 하고
차례상을 몇 번이나 더 차릴 수 있을지
어른들 생각에 눈물 나려 하네
이번 추석 달빛이
유난히 교교하네
내 추석은 슬프네

고향

돌아갈 고향이 없다
멀리 귀향을 간 양반님네들은
그래도 다시 돌아갈 고향이 있고
망명을 떠난 혁명가에게는
고향으로 돌아갈 명분이 있고
북에 두고 온 부모님 생각에
가 볼 수 없는
마음의 고향도 있기는 하지만
내게 고향은 이제
함부로 찾아갈 수 없는 곳이 되었다
봄이면 생각나고
가을이면 가고 싶어지지만
울면서 떠나온 곳이기에
성공을 약속하며 한 이별이기에
이제는 엄마가 안 계시는 고향집
나를 기다리던 고향이 아니기에
나에게 고향은 있어도
돌아갈 고향은 없다
고향은 때 늦은 눈물이 되었다

첫사랑

첫사랑은
쉽게 말하지 말아야 하는 것

빨간 봉숭아 물든 예쁜 손으로
망초꽃 밥상을 차리던 그 아이
고사리 같은 손가락에
꽃반지 끼워주고
감꽃 목걸이 걸어주며 했던 약속이 아니면
첫사랑일 수 없는 것

울면서 떠나간 사랑, 그래서
아직도 잊지 못하는 사랑이 있다면
그것은 미련이고 욕심일 뿐
떠나간 사랑은
사랑이 아니어서
함부로 말하지 말아야 하는 것

첫사랑은 주고받으며
가슴 깊이 새겨두고 묻어두어야 하는 것
망초꽃이 아무 데나 피는 듯 해도
가슴에 묻은 망초꽃은 시들지도 않아
결코 혼자서 지지 않으니
첫사랑은 언제나 가슴 깊이
묻혀 있는 것을

커피, 사랑

비오는 날이면 나는 별 다방에 간다
입술이 데일 듯 뜨거운 아메리카노
서럽게 씁쓸한 커피 잔을 앞에 놓고
떨어지는 빗방울로 시간을 쪼개며
쓴맛을 음미하노라면
앞이마에 뚝뚝 듣는 물방울 털어내며
여인들 들어서면
육즙으로 번쩍이고 끈적이던
굴곡을 따라가 본다
호수에 물결무늬 퍼져가듯
흐느적이는 그녀들의 관능이
구겨진 심사를 속절없이 흔들어 준다

눈 오는 날이면 나는 별 다방에 간다
뜨겁게 내린 에스프레소
심장이 멎을 듯 쓴 커피 잔을 앞에 놓으면
눈발은 가볍게 흩날리고
코끝에 밀려오는
그녀의 살 냄새를 따라가 보아도
기다림은 보람도 없이
사랑은 천사의 날개를 달고 마침내 식어가서
향기는 날아가고 쓴맛만 남았다

그러나 넌 그것을 알아야 해
모든 것이 끝나는 세상 끝에서도
커피 한잔이 힐링(Healing)인 것을

커피

철없던 시절
매캐한 첫사랑의 추억 같기도 하고
칙칙한 땀 냄새 같기도 한 커피
에스프레소는 칠흑의 바다다
발가락을 간질이는 파도처럼
혀끝으로 살짝 맛을 보면
갯흙 냄새가 나는 듯하고
이름 모를 과일 향이 나는 듯도 하고
여인의 살냄새 같기도 하지만
창가에 혼자 앉아서
유리창에 부딪치는 빗방울을 맞으면
천천히 동무들 생각도 나고
떠나간 여인이 생각날 때
쓴맛이 제대로 나는 법이지
내 마음을 앗아간 커피
난 따끈하고 쓴 커피가 좋다
그녀처럼 아주 쓴 커피가 좋다
칠흑같이 쓴 에스프레소
아주 쌉싸름했던 그녀가 생각나네

아! 내 쓴 커피
다 식어가네

에클에어(Eclair)

달콤한 새색시 같은
초콜릿 무스케익(Chocolate mousse cake)도 좋아하고
부잣집 맏며느리같이 부드럽고 후덕한
치즈 케이크(Cheese-cake)도 좋아하지만
뭐니 뭐니 해도 나는
검은 초콜릿을 입히고
촉촉하게 바삭거리는
천사의 투구 같은 슈(Shoe)의 담백함 속에
걸쭉하고 달착지근한 크림을 채워
박달나무 윷가락처럼 죽 뽑아 늘여 놓아
허리 잘록한 여인 같은
에클에어(Eclair)를 좋아한다
첫사랑처럼 달콤하고 단단해서
결코 잊혀질 수 없는
상큼하고 쌈박한 속살 같은 맛
파리의 여인을 닮은 과자
잊을 만하면 생각나는
첫사랑의 연인 같은 너
검은 실크가운(Silk gown)을 걸친
요염한 여인 같은
나의 연인 나의 에클에어

단상

1.
땅 속에서 번데기로 5년을 기다렸다
밤새도록 기어 나와 우화를 하고
애타게 울다가 죽어가는 매미에게
"너 왜 그렇게 힘들게 사냐?" 하고 물으니
"몰라서 묻냐?
그런 너는 왜 그렇게 사는데?"

2.
호랑나비 한 마리가 꽃 위에 내려앉자
꽃대가 흔들리고 바람도 지나가고
나비가 흔들었나? 꽃인가 바람인가?
물어봤더니
"그냥 흔들리며 사는 거지! 뭘 따지냐?
사람들은 서로 안 흔들고 사냐?"

3.
마누라 까치가 집을 나가
어린 새끼들 키우느라 정신없어
꺼벙해진 애비 까치에게
"너 왜 그렇게 힘들게 사냐?" 물었더니
"너 지금 누구 염장 지르냐?
아침밥이나 얻어먹었냐? 너는?"

나의 미래

과거는 박물관에 전시된
박제된 전리품처럼 빛이 바래서
쓸모없는 버거운 짐일 뿐이고
현재마저 과거로 넘어가는
징검다리일 뿐
슬퍼할 일도 아니다
카운트다운을 시작한 심판의
마지막 휘슬을 기다리는
미래는 미래가 아닐 것이어서
너에게 미래는 벅찬 희망일 수 있지만
암울한 나의 미래는
감당하기 어려운 나의 적이며
치명적인 독(毒)일뿐이어서
기억하라 너와 나 사이에 놓인
건널 수 없는 시간의 강물이 있음을
너와 나의 시간의 무게가 같지 않음을
이제 알겠느냐
너의 시간은 아직도 무겁고
나의 시간은 벌써 깃털처럼 가벼워져서
바람 없이도 비상할 준비가 되었나니
허공보다 더 비어서
공기보다 더 가벼워진 나의 미래
슬픔도 증발해가는 나의 미래

불면

잠을 찾아다니느라
잠들 수 없네
내일이면 또 내일이 오고
태양은 다시 떠오를 터인데
무슨 일로 내 잠은 숨어버렸을까
낭떠러지로 떨어진 꿈을 찾으러 갔나
구름 속에 숨은 달 보러 갔나
얼굴도 이름도 생각나지 않는
그 애를 만나러 갔나
내가 잠에게 못되게 굴었나
아니면 내가 잠들지 못해서
나 대신 뒷동산에 운동하러 갔다가
길모퉁이 포장마차에서 소주 한잔하면서
시끄러운 세상 이야기에
넋을 놓았는지도 모르겠네
어서 잠들기 전에 잠을 찾아야 하는데
어제 못 잔 잠은 아니더라도
오늘은 자야 하는데 내일의 잠이라도
오래전 떠나 잊혀진 사람들
꿈속으로 만나러 가고 싶은데
밤은 깊어 가는데
눈을 감아도
잠 속에 눈은 잠들지 않네

수양(修養)이란 것이

식사에도 예절이 있듯이
몸을 씻는 데도
나름의 순서와 예절이 있지
머리부터 발끝까지 미지근한 물로
초벌 씻기를 한 후에
따뜻한 탕에 몸을 담그고
충분히 혈액순환이 이루어진 다음
천천히 정갈하게 씻어야 하는 법이고
마음을 다스릴 때는
주변을 정리하고 단정한 자세로
가부좌를 틀고 앉으면 제격이지만
어렵다면 허리를 곧추세우고 앉아서
눈을 지그시 감고
평정심으로 돌아가
천천히 마음속을 들여다보면
쓸어내고 걷어내야 할
마음의 껍데기들이 보이게 되지
서둘거나 조바심하지 말고
진솔한 대화를 통해서
욕심을 하나씩 걷어 버리고 나면
세상에 그리 부러울 것이 많지는 않다
수양이란 것이 그리 어려운 것도 아니다

겸손

세상을 너무 쉽게 살아
사람들은 안 되는 일이 없다지만
죽어도 안 되는 일도 많이 있다
돈으로도 안 되고
권력으로도 안 되고
그보다 더한 것으로도
안 되는 것도 많이 있다
제아무리 신통력을 가졌어도
사랑도 자식도 마음대로 안 되고
죽기 전에는 천당도 지옥도 갈 수 없고
화장터에도 들어가지 못하는데
뭐 그리 대단하다고, 그러니
한번 죽었다 생각하고 마음을 바꾸면
안 될 일도 더러는 바뀔 수도 있을 터
그렇지 않아도 어지러운 세상이니
두서없이 나대지 말고
더 이상 흔들어대지도 말고
겸손(謙遜)한 마음으로 낮추며 살고
겸양(謙讓)하는 즐거움도 안다면
세상 부러울 것이 없어지고
죽어도 아쉬울 것이 없으련만
겸손이 바로 복인 것을 안다면
세상살이 그리 어려운 것만도 아니다

후회 · 1

내 인생에 후회는 없다
아니 후회를 하지 않으려고 한다
목표를 향해 가다 보면
어째서 가던 길을 잃어버리고
늘 방향을 잃고
이리저리 헤매게 되는지 알 수 없지만
남을 너무 믿는 탓이고
의지가 약하고
내가 부족한 탓으로
노상 낭패를 당하지만
곰곰이 생각해보면
모두 내 탓으로 그리된 일이어서
내가 받는 보상이고
내가 살아가는 방법이라
혼자서 위로해보지만
누구를 원망한들 소용없는 일
후회는 삶의 낭비이기에
후회가 행복일 수 없다는 것을 알기에
나는 후회는 하지 않는다
그러나 뼈를 깎는 반성을 하고
눈물로 마무리를 한다
내 인생에 후회는 없다

후회 · 2

오늘 해가 지면
내일 아침 해가 다시 뜨고
눈이 그치면
기다리면 다시 오지만
시위를 떠난 화살은 돌아오지 않고
우리들의 젊음은 다시 오지 않고
가신 부모님이 다시 오지 않듯이
다시는 돌이킬 수 없는 일이 있으니
오늘 해야 할 일은
미루거나 회피하지 말고
목숨 걸고라도 끝을 볼 일이다
기회란 지나고 나면
눈 부릅뜨고 찾아도 잡을 수 없는
신기루 같은 것
회한과 비탄 속에
삶을 끝내지 않으려면
후회는 패배자의 탄식일 뿐이니
부딪쳐 성취해야지
목숨이라도 걸고 끝장을 봐야지
내일은 내일의 해가 뜨게 해야지

후회 · 3

내가 잠든 사이
나를 내려다보는 정령(精靈)이 있다면
무심코 지나온 하루의 모든 일들과
보고 듣고 지나친 수많은 사건들
속으로만 생각했던
슬프고, 황당한, 사악한, 치졸한, 염치없는,
생각들마저 알아버리게 된다면
나를 지극히 평범하고 무능한
소시민 중에 하나로 생각할지
황당무계한 불한당으로 볼지 아니면
참으로 불쌍하기 짝이 없는 인간이라
위로라도 해주고 싶은지 알고 싶다

반복되는 덧없는 일상의 삶을
떠밀리듯 억지로 이어가는지
제대로 온전히 살아내고 있는지
거리낄 것 없다고 고개 들고
이대로 살아도 되는지 알고 싶다
내가 나를 본다면 말이다

바다

조용한 바다
수평선이 하늘에 닿은 끝없이 푸른 바다
잔잔한 바다의 맨얼굴을 보았느냐
그렇다면 태풍이 몰아치는 거친 바다를
경험한 일이 있느냐
집채보다 더 큰 파도가 잡아먹을 듯
덮쳐오는 바다에서
죽음의 공포를 본 일이 있느냐
광폭한 바다가 속을 뒤집으며 포효하는
그 숨 막히는 극한의 노여움을
본 일이 있는가 묻고 싶다
그렇게 광폭한 격정을 깊이 묻어 놓고도
적막한 평정심으로
구름을 띄우고 바람을 희롱하는 바다
늙은 어부의 작은 고깃배를 허락하는
바다의 심기를 알아야 한다
잔잔하고 광막한 푸른 바다
진종일 바다 위에서
그림 같은 바다를 본다
조용한 바다가 무섭다

운명

변하지 않는 것
우리 민족의 유구한 역사가
변하지 않는 것처럼
화려하게 빛나던 수많은 상장들도
눈물 나게 찌질한 내 과거도
결코 변하지 않지만
짐작도 할 수 없는 내일
무작정 달려드는 미래는
미리 정할 수는 없지만
헤쳐가야만 하는 것
성공도 실패도, 책임과 의무도
세금과 벌금도, 사랑도 미움마저도
차곡차곡 역사로 만들어지고
또 만들어 가는 것이어서
현재는 온전히 너와 나의 것이지만
아무리 처절하게 바꾸려 해도
미래는 버거운 현재가 되고
현재는 다시 허망한 과거가 되어
운명은 바뀌지 않아서
알 수 없는 시간 속으로 흘러가는 것
결국 너는 내 운명이 되고
나는 너의 운명일 수밖에
운명은 바뀌지 않는다

세상사

어처구니없는 일이다
세상이 변했다 해도
개나리, 벚꽃, 철쭉, 라일락이
두서없이 피게 된 것이
어수선한 세월 탓만도 아닐 테고
영악해진 아이들 때문이거나
체통 잃은 어른들 탓인지도 알 수 없고
치솟는 물가 때문인지도 모른다
하지만 모두들
힘들다 푸념만 해대고
일자리 탓만 하는데도
여전히 잘 먹고 잘 사는 것을 보면
세태 탓만도 아닌 듯한데
올봄은 초장부터
온통 두서가 없더니
봄기운에 숨통이 막혀서
벌써 꽃 다 진다
꽃잎 다 떨어진다
꽃비 되어 떠나간다
허망하게 봄날이 간다

제4부

진달래꽃의 전설

이 밤에 촉촉이
봄비 내리고 나면
연분홍 꽃잎
애달픈 꽃 진달래꽃

진달래꽃(杜鵑花)의 전설

그 누가
알아주랴
두우(杜宇) 왕의 애통(哀痛)함을
목구멍에 피가 나도록
밤마다 울어대는 두견(杜鵑)새
만산(滿山)에 진달래꽃(杜鵑花) 붉게 피어
봄은 다시 왔건만
이 밤에 촉촉이
봄비 내리고 나면
연분홍 꽃잎
애달픈 꽃 진달래꽃
또 지고 말 것을
너 가여운 두견새
망제(望帝)의 맺힌 한을
어이 풀꺼나
애고지고 쑥국…
애고지고 쑥국…

진달래꽃

두고 떠난 약속 때문일까
기약 없는 기다림 때문일까

제일 먼저 서둘러 피어나
흔들리는 바람에도 가슴 아파서
벌 나비 찾기도 전에
기진하여 송이째로
시들어 지고 마는
애달픈 꽃 진달래꽃아

말없이 가버린 사람
그 쓰라린 사랑
아직도 잊지 못해서
눈물로 기다리려 했는가
자진하듯 송이째로 지고 마는

서러운 꽃 진달래꽃아
애달픈 꽃 진달래꽃아

홍매

일찍 불어닥친 봄바람에
헤프게 벙그는 꽃들을 시샘하였나
홍매 꽃봉오리들이
한꺼번에 울음을 터트렸네
이른 봄 햇살이 서럽더냐
기다린 세월이 허무하더냐
춘향이보다도
금홍이보다도
너의 붉은 적삼
푸른 치마가 더 고운데
서러워 마라
서러워 마라…
해마다 꽃은 피고 또 지는 것을
일찍 온 봄날은 일찍 가고
일찍 핀 꽃은 먼저 지나니
간다 간다…
봄날은 간다
홍매 꽃잎도 꽃비 되어 내리고
홍매야! 우지 마라
간다 간다 나도야 간다…
떨어지는 꽃잎 따라 나도야 간다

목련꽃 지다

고고하던 순백의 목련꽃이
소리 없이 떨어져
처연한 주검으로 땅을 덮는다
그 절정의 순간에 꽃들은
환희의 몸부림으로 춤추며
빙빙 돌면서 떨어지는가
좌절하였을 때
죽음보다 더 쓰라린 심정이었는데, 나는
씨도 열매도 없이 지는 꽃들도
처연한 마음이어서
검게 변색되어 나뒹구는 것이겠지
그 처절함을 견디어야 하는 나무는
말라서라도 죽어버리고 싶겠지
그러나 보라!
절망의 순간에 꽃을 밀고 나오는 새순을
나무는 절망에서 희망을 보고
기다려야 하는 이유를 발견하겠지…
절망의 순간은 언제나 있는 것
떨어지는 꽃잎을 애써 외면하고
아직 남은 몇 송이를 붙잡고 섰는
애처로운 목련나무를 올려다본다
순백의 아름다운 목련꽃
푸른 하늘을 본다

하얀 철쭉꽃

순백은 나의 영혼
하얀색은 하늘이요 바다요
나의 어머니 같은 색
하얀 철쭉꽃이 좋다
어느 봄날 갑자기
한꺼번에 피어나는 하얀 꽃
순결이며 슬픔이기도 한 하얀 꽃
하얀 찔레꽃도 예쁘고
하얀 국화꽃도 아름답지만
내 가슴 깊은 슬픔의 계곡에 피는
청초한 하얀 철쭉꽃
꽃상여에 흔들리며 가는 가화(假花)처럼
떠나가는 발걸음을 붙잡는 너
애달퍼 가슴 시린 꽃
순백의 내 영혼 같은 꽃
내 죽거든 무덤가 저만치서
봄이 오면 혼자라도 피어 단 며칠만이라도
순백의 혼 너를 보게 해다오
내 사랑 하얀 꽃아
내 사랑하던 님아
하얀 철쭉꽃아

애기똥풀

늦은 봄이면
길가나 풀밭에 피어나는 노란 꽃
애기똥풀이 사랑스럽다
꽃은 여름 내내 여기저기 피지만
깨끗하고 싱그러운 잎 모양도 예쁘고
찬 바람 불 때까지도 시들지 않는 풀
끈질긴 생명력도 감탄스러워

소꿉장난하던 어린 시절
그 애가 내 밥상에 올려주던 노란 꽃
꺾어진 줄기에서 흐르던
노란 눈물을 둘이서 달래며
열심히 닦아주던 꽃

해마다 노란 꽃은 피는데
올봄에는 이 노란 꽃이
유난히 눈에 띄는데
이제는 혼자서 보네
어릴 적 그 애가 생각나는데
그 애는 이 노란 꽃을
벌써 잊었겠지…
그렇겠지…

옥잠화(玉簪花)

너의 지극(至極)한 순결(純潔)함을
나는 경배(敬拜)한다
백합보다 더 하얀 순백의 꽃
강열(强烈)하게 밝은 한낮에는
옥비녀(玉簪)를 꽂은 정숙한 소복 여인 같고
빛의 횡포(橫暴)가 힘을 잃어 가면
어스름이 내리는
미혹(迷惑)의 시간에 오시는
그 님만을 위하여
천사(天使)의 나팔처럼 꽃잎을 열어
순결한 가슴을 내어주는 꽃
그 고귀(高貴)한 순정(純情)을
어찌 사랑하지 않을 수 있으리
다시 빛이 깨어나는 첫 새벽
그 님 떠나가시면
조용히 꽃잎을 닫고
절개(節槪) 굳은 논개처럼 떨어져
사랑의 흔적(痕迹)을 지우는 꽃
밤마다 새로 피어나는 기다림
나 너를 따라 그 지순(至純)한 사랑 해보리라
순백(純白)에 감추어진 핏빛 사랑
얼마나 뜨겁고 서러운지 알게 되겠지

아카시아 꽃

봄꽃들이 다 지는데
어릴 적 허기를 채우기도 하고
신주머니 가득 따 담던 꽃 아카시아
왜 이리 오래 뜸을 들일까
그렇구나! 늦잠을 자느라
봄바람을 놓친 것이 아니라
벌 나비가 왕성하게
꿀 따러 날아다닐 때까지
깊은 내공을 쌓으며 참을성 있게
때를 기다리고 있었구나
마침내 일시에 불꽃놀이 하듯
꽃을 피우고 향기를 내뿜어
온통 정신을 못 차리게 하는구나
해마다 오는 봄이지만
그렇게들 열심히 준비를 하는데
겨우내 난 무엇을 했나
계획도 노력도 없이
맹랑하게 살려는 내가 부끄럽다
봄꽃들 보기 부끄럽고
아카시아 꽃 보기도 부끄러워서
꽃향기에 취해
얼굴을 들 수가 없네

석류

처연한 사랑
세상에 없을 것 같은 진한 사랑
선홍의 꽃으로도 다 하지 못한 사랑
검은 차도르를 걷어
수밀도의 가슴을 내어주어도 부족해서
터진 심장을 찢어
선홍의 알갱이까지 내어준 사랑
세상의 끝이 이보다 더 처절하고
사랑이 어찌하여 이리도 처연할까
참고 또 참고 기다리던 열정이
수없이 천둥 번개를 맞아서
갈라진 대지에 용암이 핏빛으로 솟아나듯
능멸당한 서역의 보물이여
스스로 자진하듯 깨어지고
찢어진 선홍의 열매여
네가 바친 이 진한 사랑을
내 어이 외면할 수 있으랴
서역의 붉은 열매여
신의 선물이여
선홍빛 사랑의 석류여
처연한 사랑의 여인이여

태양초

세상에!
저 붉은 빛깔을 보라 태양초!
어쩌면 저리 고울 수 있을까!
가뭄을 힘겹게 극복하고
몇 번의 태풍을 겪고 몹쓸 비바람에도
죽을힘을 다해 견디고 나서
쓰러진 가지를 몇 번씩 추스르고
살충제를 몇 차례씩 더 뒤집어쓰고
참고 견디며 이겨내는 동안
푸르게 푸르게 살이 오른 너
황금빛 태양,
그 금빛 햇살의 열정을
축복으로 받들고 받아들여
온몸으로 붉게 타올라
빛나는 붉은 태양초로 태어났으니
운명은 그렇게 만들어지는 것
아무도 혼자서는
신(辛, 神)의 절정을 이룰 수 없나니
뜨거운 여름의 위대한 선물이여
붉게 빛나는 태양초여!
붉은 신(辛, 神)의 위대한 열매여!

맥문동

마침내 황제의 빛으로
하늘로 꽃대를 세우는 너
길고 암울한 겨울을 견디고
쌓인 눈 속에서도 스러지지 않고
새끼들을 키우고 지켜내는
어머니같이 강한 모성으로
푸른 기품을 잃지 않아
길고 긴 엄동설한
인고의 세월을 지나서
언 땅속에서 연한 빛으로
어린 새싹들이
세상을 헤집고 나서면
소리 없이 모두 내어주고 물러나
스러지고 마는
어머니 같은 맥문동
내 연약한 심신을 위로하고
끝없이 대지의 심장을 뛰게 하는
황제의 명약
보랏빛이 아름다운 꽃이여
어머니의 사랑으로 자라는
대지의 명약 맥문동

꽃

세상에 많은 꽃 중에
미묘한 형상의 붓꽃(Iris)과
금세 피어 허망하게 지고 마는
작약(Peony)을 좋아하지만
꽃 중에는 온실에서 애지중지
키워야만 예쁘게 피는 꽃들도 있고
햇살 잘 드는 꽃밭에서
사랑 받으며 다투어 시샘하며
싱그럽게 피어나는 꽃들도 있고
보아주는 사람 없어도
혼자서 꿋꿋하게 자라서
당당하게 피는 꽃들도 많다
그러나 꽃마다 모양이 다르고
꽃마다 꿀과 향기가 다르고
아름다움이 같지 않은 것처럼
세상은 모두 다 같지도 않고
공평하지도 않다고
걱정할 일이 아닌 것처럼
풀들이 그러하고 나무들이 그러하고
만물이 그러하고
꽃들이 그러한 것처럼
사람들도 그러해서
세상은 더 열심히 살아볼 만한 것이지

나뭇잎

창 너머로 흔들리는
나뭇잎을 본다
바람 부는 대로 몸을 내맡기고
자처지고 엎어지면서
결대로 출렁이며 흔들린다
물고기가 물살을 따라서
이리저리 미끄러지며 헤엄쳐가듯
유연하고 여유롭게
흔들리는 나뭇잎을 본다
거스르지 않았으면
그렇게 힘들지 않았을 것을
순리대로 따랐으면
그렇게 힘들지 않았을 것을
그때는 무엇을 그렇게
참을 수가 없었고
견딜 수가 없었을까
싱그럽게 흔들리는
푸른 잎이 내게 말을 건다
세상은 눈비가 와도 아름답고
바람은 늘 불어온다고
흔들리는 나뭇잎이 아름답다
흔들리는 세상도 아름답다

미루나무

미풍에도 흔들리고
매미소리에도 흔들리는 나무
혼자 물가에 서서
진종일 먼 데를 보고 있어
조금은 쓸쓸해 보이는 그가 좋다
때로는 비루먹은 말처럼 버석한
자작나무보다
노상 술 취해 흔들리고
늘어진 수양버들보다
널찍한 그늘을 내어주는 푸근한
느티나무보다
시냇물에 발 담그고
조약돌로 물수제비도 뜨고
피라미에게 그늘을 만들어주며
늘 그 자리에 서 있는 키다리가 좋다
고향집 어머니처럼 말이 없어도
한여름 햇살 아래
줄 끊어진 연이 나비넥타이처럼 걸려
은빛으로 빛나는 목이 긴 나무
고적해 보이는 너 그러나
언제나 단정한 모습으로
나를 기다리는 너
나는 미루나무가 좋다

봄비

촉촉이 길바닥을 적시고
애기 손바닥만 해진 가로수
잎사귀를 적시고
지나가는 사람들 머리 위로도 내린다
처녀들 가슴에는 꽃비처럼 내리고
엄마의 가슴에는 낙엽처럼 내리고
내 가슴에는 낙숫물처럼 내린다
추적추적 내리는 봄비
푸른 잎사귀에게는 희망이 되고
갈라진 땅에는 약이 되고
무너진 가슴에 눈물 되어 내리고
유리창도 눈물 흘리네
깊어가는 어스름에
우산도 없이 지나가는 사람들
스산하게 젖어서 가네
봄비에 모두 젖어가네
세상이 젖어가고
내 가슴도 젖어가네
소리 없이 젖어가네
봄이 소리 없이 젖어가네

푸른 봄

푸르러가는 산이 좋다
봄 산이 좋다
갯벌에 물이 들어오듯
신새벽 퍼지는 햇살에 어둠이 걷히듯
남녘에서 불어오는 봄기운에
온 세상이 푸른 옷으로 갈아입어
벌써 청보리밭만큼 푸르러졌다
그러나 도시에 봄은
회색 아파트 숲에 일그러져서
두서없이 핀 꽃들의 아우성에
휘저어 놓은 장마당처럼 어설프다
오랜 기다림 끝에 찾아온 봄
내 가슴에 뿌려놓고 간
채송화 꽃씨만큼 작은 씨앗에서도
꽃이 피어났으면 좋겠다
연분홍 철쭉꽃처럼 화사하지 못해도
함박꽃처럼 탐스럽게 피지 못해도
이름 모를 풀꽃만큼 작은 꽃이라도
가슴 가득 행복으로 사랑으로
안개꽃처럼 살며시 피어났으면 좋겠다
따사한 햇살처럼
소리 없이 빛났으면 좋겠다

오솔길

호젓한 오솔길을 간다
햇살도 잘 들지 않는 숲속
변변한 풀꽃도 눈에 띄지 않고
마른 나뭇잎 구르는
인적마저 한가한 작은 길
이리저리 굽어지고
야트막하게 오르내리는
평범함 숲길
산새 소리 멀리 들리고
숲 향기가 나를 정화시켜주는 길
내가 닮고 싶은 길
온갖 번거로움도
온갖 소란이 일어도
언제나 소리 없이 지켜보며
힘든 이들 기다리는 길
작고 외롭기까지 한 이 길
이 작은 오솔길에도
봄비 내리고
봄이 머물다 천천히 떠나가고
나 봄 따라 가네
천천히 숲길 따라 가네

꽃씨를 심다

서둘러 가는
봄의 끝자락을 붙잡고
따스한 햇살을 정수리에 받으며
이랑을 고르고 꽃씨를 심는다
깊이깊이 싸두었던 꽃씨
환희와 승리의 씨앗인지
고통과 눈물의 씨앗인지 알 수 없지만
요염한 장미나
화려한 작약 같으면 좋을 텐데
밤에만 피는 야래향일지 모르지만
지금 바로 새싹이 돋아나
꽃대로 솟아날지
들국화 피는 가을쯤
꽃이 피어날지 알 수 없으나
수많은 세월 참고 견디어 냈으니
용서와 관용의 꽃으로
평화와 희망의 꽃으로 피어났으면 좋겠다
웃음꽃으로 피어났으면 좋겠다
따스한 봄 햇살 아래서
꽃밭에 꽃씨를 심는다

나무를 심자

지금까지 지고 있던 무거운 짐
고뇌와 분노와 회한을 다 내려놓고
가슴에 나무를 심자
눈물이 많은 이는
습한 땅을 좋아하는 미루나무를 심고
성질이 깐깐한 사람은
정갈한 하얀 백양나무를 심고
마음이 급한 사람은
빨리 잘 자라는 키 큰 메타세콰이어를 심어
가슴 속에 푸른 숲을 만들어 보자
산새소리 들리는 숲길을 만들어
사랑하는 이들과 함께
천천히 숲길을 걸으며 노래해 보자
부질없는 허욕을 버리면
세상은 아름답고 살기 좋은 곳
숲속만큼 행복한 곳은 없으니
가슴 밭에 나무를 심어
싱그런 숲을 하나씩 가꾸어 보자
가슴에 푸른 나무를 심자
가슴에 푸른 행복의 숲을 만들어 보자

매미의 추억

유별난 우리 동네 매미
시도 때도 없이 울어대서
세상 이보다 시끄러울 수 없는 듯하지만
그래도 나무 밑을 지날 때
뚝 그치는 울음소리에
어릴 적 잠자리채를 들고
매미 잡으러 다니던 생각이 난다
외갓동네 시골 아이들은 나무에도 잘 올라
쉽게 잡는데 난 그렇지 못했지
참매미, 말매미, 쓰르라미…
한여름 한가한 한낮 원두막 그늘에 둘러앉아
참외를 나누어 먹을 때쯤
경쟁이라도 하듯
순서대로 울어대던 매미소리
운치가 있어 좋았는데
우리 동네 매미들은 한꺼번에 시위하듯
밤낮으로 그악스럽게 울어댄다
다 세태를 닮은 탓인지
살충제 약기운에 독이 올랐는지
어제도 밤잠까지 설친 탓에
머리가 지끈지끈 아프다
매미 퇴치 운동이라도 벌여야 할는지…
세태가 변했다 변했어

어느 여름날

한적한 어느 여름날
여우비 한 자락 지나가자
소나무 가지 끝에
고추잠자리 한 마리 내려앉고
살찐 다람쥐 한 마리
토막잠을 즐기는데
한낮의 나른한 햇살은
졸고 있는 벤치를 덥히고
방정맞은 까치 한 마리
부산하게 울어대서
공원의 정적이 일순에 흐트러져
놀란 새끼 다람쥐
솔방울을 떨어트리고
푸른 하늘에는 흰 구름 피어나고
노랗게 익어가던 햇살
내 어깨 위로 부서져 내린다
소란하던 숲속은 이내
적막 속으로 가라앉고
더위 먹은 한나절이 천천히 그리고
조용히 사위어간다

복중 어느 날

올여름은 유별나다
한여름 더위에 숨이 막히네
대추나무는 복날마다 꽃이 피고
무논의 벼는 복날마다
마디를 세우며 의연히
염천 지옥을 이겨낸다지만
하늘이 노랗게 보이고
구토 같은 현기증이 나는 것은
복달임 한번 제대로 못 해서
심신이 두서없이 어수선해지고
세상이 염치없이 각박해져서인가
염천 더위는 가시지 않고
열대야 기승이 울분을 더해주네
참 못 살 것만 같네
죽을 것만 같네
쏟아졌으면 가슴으로 소낙비
아! 한 줄기 장대비
허벌나게 쏟아져
불타는 신작로 적셔주었으면
불타는 내 속도 적셔주었으면

가을 · 1

소슬바람은 혼돈의 시작이고
청량한 푸른 달빛은 음모의 숨결로
산짐승의 구성진 울음소리
숲 속으로 퍼져나가면
나뭇잎들은 전율을 느끼며
차츰 푸른 정기를 잃어가서
마침내 붉은 잎새로 가을이 익어간다
푸른 달빛을 타고
한기를 타고
산불 번지듯
화선지에 먹물이 번지듯
산마루에서 자락으로 스며 내린다
우물가 수양 버드나무에도
개울가 갈대숲에도
풋대추 붉게 익어가듯 익어간다
가을이 서슬하게 익어간다
깊어간다 오롯이 슬픈 가을이
흐르는 구름처럼
흐르는 시냇물처럼
흐르는 세월처럼

가을 · 2

가을은 빈 헛간처럼
문짝 찌그러진 엄마의 장롱처럼
파시한 장터 뒷마당처럼 비어가고
노을 진 하늘처럼 비어간다

가을은 헛바람처럼
나뭇잎 떨어내는 철없는 바람이고
억새밭 건성으로 휘저어가며
울음 우는 바람이다

가을은 소리 없는 이별이어서
저만치 서 있는 헐벗은 나무처럼
붙잡아도 뿌리치고
먼저 가버린 친구처럼
가슴 저리는 석별이다

그래서 가을이 깊어갈수록
그래서 가을이 해가 갈수록
고프고 춥고 허망해지나 보다

10월

나는 10월이 슬프다
10월이 9월 다음인 것도 싫고
10월이 11월 앞에 있는 것도 슬프다
맑고 높은 푸른 하늘도
황금빛 들판의 황홀한 아름다움도
붉게 물들어 깊어가는 가을이 속상하고
짧고 아쉽게 지나가버리는 가을이
10월이어서 슬프다
밀어닥칠 황량한 겨울에게
소리 없이 내어주어야 하기에
소슬한 코스모스도 슬프고
익을수록 고개 숙이는 벼 이삭도
붉게 물들어가는 단풍나무 숲길도
곧 텅 비어서 끝나버릴 10월
내 사랑도 떠나버린 10월
다시는 돌아오지 않는 사랑처럼 슬프다
10월도 그럴 테지
다시는 돌아오지 않을 테지
가는 가을이 슬프다
10월이 슬프다

낙엽

10월의 마지막 날
호젓한 숲길 소슬한 바람 부는데
한꺼번에 지는 낙엽의
서걱대며 우는 소리를 들어 보아라
좋아서 행복해서 지는 낙엽은 없다
눈물을 머금고 돌아서 가던
그 사람이 생각나지 않느냐
세상의 이치가 그러하듯 생각하여라
이른 봄날 따뜻한 햇살 아래
푸른 새싹을 틔우던 무한한 희망을
한여름 땡볕에서 열매를 키우던 땀방울을
석양볕에 잘 익은 열매를 내어주던 행복을
우리는 그렇게 대지로 돌아가는 것
우리는 그렇게 다음을 기약하는 것
한꺼번에 지는 낙엽들이
울면서 소리 내어
서로를 위로하는 소리가 들리느냐
우리는 우는 바람처럼 불려서
낙엽으로 지고 흩어져 갈 뿐이다
가을은 더 깊어가고
가을은 더 슬퍼가고
나도 낙엽으로 흩어져 스러져가고

부끄러운 일

꽃을 좋아하는 나는
꽃들이 활짝 피는 봄이 좋다
그중에 벚꽃이 제일 아름답다
도시에서 자란 탓이라고 하지만
살구꽃, 복사꽃, 자두, 사과꽃…
구별해서 이름을 대라면 모르고
길가에 은행나무만 봐서인지
동산에 나무 이름은 알지 못한다
빛깔과 향내는 맛은 어떤지
어떤 열매가 언제쯤 열리는지…
제대로 알아보려고 해본 적도 없다
한 번도 마음으로 그 꽃들을
사랑해주지 못했다…
가슴으로 세상을 살지 않고
건성으로 살아온 느낌이라 부끄럽다
필시 사람들을 그렇게 대했을 것이고
나도 그런 대접을 받았을 터인데
그런 사실조차 모르고 살았으니
참으로 부끄러운 일이다
지금부터라도 헛일에 휘둘리지 말고
마음부터 다스려봐야겠다
이 봄이 다 가기 전에
꽃 이름부터 알아봐야겠다

뿌리가 뽑힌 나무

아름드리 소나무가
뿌리째 뽑혀 쓰러졌다
한풍뇌우(寒風雷雨)를 견디며
수십 년은 살았을 소나무가
험한 태풍을 이기지 못하고 넘어갔다
인생으로 치자면 지금까지 수십 년
파란만장한 삶을 살았을 터
굵은 뿌리와 잔뿌리가
단단히 얽힌 밑동을 드러낸 채
땅의 힘살과 근육과 살점을
끌어안고 몸부림치며 버티다
순간 정신을 놓쳐
사지가 뒤틀린 시신처럼 경직된 채
뿌리째 뽑혀 넘어졌으리라
이 땅의 살점들을
아직도 포기하지 못한 채
그러안고 쓰러져 있다
이 소나무만큼이나
처절하게 애쓰며 맞서 싸워가며
치열하게 살았어야 했는데
목숨 걸고 버티며
견디다 쓰러졌어야 했는데
자비와 공평을 바라는 마음은
비겁한 변명인 것을 알았어야 했는데

인생의 깊이로 철학의 향기를 남기고, 그 향기로 삶의 좌표를 항해한다

— 강정식 시인의 시집 『산다는 것이』의 시세계

정유지(문학평론가, 시인)

1. 철학적 사유(思惟)와 자아성찰을 통한 존재론적 자기인식

2001년 월간 『문학세계』 시인 등단을 시작으로 2003년 문예진흥원 창작기금 수혜로 제작된 첫 시집 『나는 누구인가』를 출간해 독자들로부터 큰 호응을 얻은 강정식 시인은 그 이후 세 권의 시집을 출간하는 등 문학적 저력을 선보인다. 그는 2006년 프랑스 소재 UNESCO-France, CAMAC (Center d' art Manay Art Center) 초청 최초 한국 시인으로 3개월간 "시 창작 캠프"에 참가해 언론매체의 큰 주목을 받기도 했다. 2011년 프랑스 St. Nazier에 있는 MEET 재단 (House of International Writers & Translaters)에서 초청한 최초 한국 시인으로 1개월간 시 창작 작업을 하였으며, 2013년 Amazon.com에서 『Chung Sik Kang' s Selected

Poems』 영문판을 출간하여 큰 호응을 받은 바 있다.

강정식 시인의 시적 세계는 크게 두 가지 경향을 보이고 있다.

첫째, 철학적 사유와 자아성찰을 통한 존재론적 자기인식이 선명하다. 장중한 인생의 깊이를 바탕으로 갯바위에 끝없이 부서지는 파도의 전언처럼, 거대한 바다의 메시지를 온몸으로 표현하는 활어(活語)의 시적 언어가 은빛으로 살아 꿈틀거리고 있었다. 상선약수(上善若水)의 섭리로 깨달음의 자아를 생성시키고 있었다. 시인은 무릇 인생을 물과 같이 바라보는 철학적 경지에 도달해 있다. 물은 온갖 것을 잘 이롭게 하면서도 다투지 않고, 모든 사람이 싫어하는 낮은 곳에 머문다. 그러므로 도(道)에 가까운 것이다. 끊임없는 자기 수련과 시적 내공으로 탁월한 문학적 감각을 유지하고 있다.

둘째, 달관과 관조의 미학으로 대자연을 관통하고 있다. 아울러 강정식 시인의 정신세계는 해맑은 영혼의 향기가 가득하다. 육화(肉化)된 언어에서 출발된 서정의 시학 속에는 절대고독과 고뇌의 깊은 울림을 소화시키고 있다. 작품마다 긴 호흡의 정제된 시어들이 행과 행, 연과 연의 유기성을 확보하고 있는 것이다. 시인은 예지적 잠망경을 통해 우리 시대 문학의 위기를 돌파할 삶의 좌표를 극명하게 보여주고 있다. 강정식 시인이 독자적으로 어필하고 있는 힐링(Healing) 메시지에 주목하지 않을 수 없다. 속도가 시대를 좌우하는 문명의 이기에 정면으로 맞서서 '느림의 미학'을 보내고 있는 것이다.

"따뜻한 언어는 차가운 가슴도 품는다. 그 따뜻함의 출발점은 자기인식의 성찰에서 촉발된다."

무릇 말 속에는 맑고 그윽한 향기를 품고 있는 꽃과 같은 모습이 숨겨져 있다. 딱딱하고 추운 겨울마저 품을 수 있는 따뜻한 화롯불이 숨겨져 있다. 심지어는 상대방의 마음을 움직이게 만드는 아름다운 소통이 숨겨져 있다. 시인은 그 사유의 화롯불을 지펴 현실의 삶을 바라보고 있다.

강정식 시인은 말하고 싶은 것을 은근히 숨기며 빙빙 돌리는 것보다 바로 돌직구를 날리듯 직설적으로 표현하는 직서화법(直敍話法)의 달인이다.

시인은 긍정의 시각으로 「행복합니다」를 읊조리고 있다.

6 · 25 전쟁에서도 살아남아
4 · 19 혁명의 주역으로 민주주의를 쟁취한
위대한 세대여서 자랑스럽고
수출의 역군으로 조국 근대화에
앞장섰던 일꾼이어서 행복합니다
사랑하는 아내와 자식들이 있고
늘 기댈 수 있는 친구들이 있어 행복합니다

—「행복합니다」 일부

인생에 있어서 가장 최고의 행복(幸福)은 현실에 대한 만족함이다. 시인은 지구에 태어난 것부터, 아프리카가 아닌 삼천리금수강산 대한민국이어서, 고구려도 아니고 평양도 아닌 서울이어서, 6 · 25 전쟁에서 살아남은 4 · 19 혁명의 주역이어서, 조국 근대화의 일꾼이어서, 사랑하는 아내와 자식이 있어서, 기댈 수 있는 친구가 있어서 행복하다고 노래하고 있다. 참으로 순수하고 맑은 모습이 아닐 수 없다. 행복은 자신이 원하는 욕구와 욕망이 충족되어 만족하거나 즐거움을 느끼는 상태다. 불안감을 느끼지 않고 안심해하거나 또는 희망을 그리는 상태에서의 좋은 감정으로 심리적인 상태 및 이성적 경지를 의미한다.

시인은 삶의 만남을 소중한 「인연」으로 바라본다.

짝사랑을 아무리 열심히 해도
이루어지지 않는 짝사랑은
사랑도 아니지
헤어진 첫사랑을 잊지 못한다고
아무리 눈물을 짜도
돌아가 붙잡지 못하면
사랑도 아니듯이
기회는 붙잡지 못하면 그만이고
마음을 전하지 못하면
사랑은 결코 오지 않아

—「인연」 일부

인연(因緣)은 사람과 사람 사이의 연분 또는 사람이 상황이나 일, 사물과 맺어지는 관계를 뜻한다. 불교에서는 결과를 만드는 직접적인 원인인 인(因)과 간접적 원인인 연(緣)을 아울러 이르는 말이기도 하다. 한편, 시인은 엇갈려 가는 길은 인연이 아니며, 이루어지지 않는 짝사랑은 사랑이 아니라고 단언한다. 헤어진 사람을 다시 붙잡지 못하면 그것도 사랑이 아닐 뿐 아니라, 기회를 붙잡지 못하면 인연이 될 수 없고, 마음을 전하지 못하면 사랑이 결코 오지 않음을 역설하고 있다. 온몸으로 목숨 걸고 상대를 붙잡지 않으면 인연을 만들 수 없기에, 사랑은 인연의 시작을 실천하는 일임을 어필하고 있다.

시인의 시선은 「엄마의 정원」으로 옮겨진다.

정성으로 몇 그루의 모종을 심고
모종이 쓰러지면 어쩌나
봉선화 색깔이 예쁘지 않으면 어쩌나
담장 한편에서 앵두가 익을 때까지
진딧물이 잘 끼는 봉선화에
정성을 더 쏟으셨다
고심 속에 그렇게 여름이 오면
봉선화 꽃잎을 찧어 백반에 개고
호박잎에 싸서
우리들 손톱에 동여매주시었다

―「엄마의 정원」 일부

일반적으로 집안의 뜰이나 꽃밭을 정원으로 부른다. 이곳은 봉선화, 채송화, 백일홍, 맨드라미, 달리아가 아름다운 자태를 뽐내는 곳이지도 하지만, 더욱더 중요한 것은 엄마가 직접 정성 들여 키우는 정원이라는 사실이다. 특히, 봉선화 꽃물을 우리들 손톱에 물들여주시던 엄마에 대한 기억이 생생하게 남아 있다. 정교한 시선이 부드러운 서정의 정원을 빚어내는 힘까지 발휘한 것이다.

2. 달관과 관조의 미학으로 방황하는 우리 시대 별들을 치유하다

강정식 시인은 바다를 압축시켜 놓은 소금과 같은 시어를 품고 있는 염전(鹽田) 그 자체다. 오랜 시간 바람과 햇볕을 초대해서 새하얀 소금의 미학을 만든다. 세상을 치유하는 소금의 힘을 가질 때까지 기다림의 철학 역시 생성시킨다. 바람과 햇볕은 소금을 만들어내는 운명 공동체라 할 수 있다. 바람의 날개를 타고 소리의 꽃을 하얗게 피워 올렸던 파도 역시 결국 연어의 옥쇄처럼 염전 위의 하얀 흔적으로 사라지게 된다. 염전으로 들어온 바닷물은 바람, 햇볕과 교신하여 달관과 관조의 시선으로 대자연을 바라보는 소통의 시간을 구가한다. 그 소통의 순간은 완벽한 자연의 알갱이로 되돌아가는 금선탈각(金蟬脫却) 혹은 환골탈태(換骨奪胎)의 시간이다. 특히 강정식 시인의 삶은 탁월한 미감을 바탕으로 존재론적 자기인식을 통해 시적 조응력(調應力)을 발화시키고 있다. 마치 대나무가 스스로를 비워내며 내유외강(內柔外剛)의 미학을 가지고 있듯이 대나무 숲의 맑고 푸르른 향기와 같은 캐릭터 또한 발현시키고 있다. 바로 「산다는 것이 · 8」에서 이를 확인할 수 있다.

기다리는 일이다
늘 하던 대로
작정 없이 기다리는 일
배 타고 나간 남정네를 기다리듯
전장으로 나간 아들을 기다리듯
어머니의 간절한 마음으로
정한수 떠 놓고 정성으로 빌며
기다리는 일이다
오지 않는 막차를 기다리는 일이나
폭풍 전야의 적막함이 그렇고
숨죽여 가며 기약 없이
기다리는 일이 그렇고
작정 없이 기다리는 일이 그렇다
네가 해결할 수 없는 일들을
맥없이 기다리는 일이다

—「산다는 것이 · 8」 일부

시인은 산다는 것을 '기다림'으로 명명하고 있다. 작정 없이 기다린다는 시인의 화법처럼 매일 눈을 뜨거나, 심지어는 해결할 수 없는 일조차 맥없이 기다리는 일임을 설파하고 있다. 간절함, 적막함 등의 마음도 표출하면서 무엇인가를 끝없이 기다린다는 사실을 밝히고 있다. 이 세상의 모든 것은 기다림 속에서 일어나는 일임을 암시하고 있다. 인생의 진리를 꿰뚫어 보아 사소한 일에 집착하지 않고 넓고 멀리 바라보는 달관(達觀)의 시각으로 기다림의 미학을 풀어내고 있다.

시인은 자기 자신을 향해 수없이 질문한다. 「나는 누구인가 · 6」을 통해 자기의 정체성을 찾고 있다.

나를 사랑했던 사람들
내가 만난 수많은 사람들
친구들의 기억 속에 나는
어떻게 기억되어 있을까
… (중략) …
마치 수천 년 역사 속에서
이름 없이 죽어간 민초들처럼
잊혀진 전사들처럼, 독립투사들처럼
누가 나를 인정해주고 찾아줄 것인가
잊혀져 가는 내가 나일까
얼마만큼이 나일까
나는 누구인가

—「나는 누구인가 · 6」 일부

'나는 누구인가' 의 말은 인간의 본질을 밝히는 인문학의 첫 번째 질문이다. 이 질문의 답은 외부로부터 나를 규정하는 정보에서 답을 찾으면 안 된다. 더불어 자아와 성찰을 담아내고 있는데 고요한 마음으로 사물이나 현상을 관찰하거나 비추어 보는 관조(觀照)의 시각과 무관하지 않다. 시인은 사람들의 기억 속에 나쁜 인간 또는 소중한 인연으로 각인되는 것을 비롯해서 역사 속에서 나의 존재를 찾아 인정해주는 것 등을 인식해내고 있다. 잃어버린 자아 정체성

(Identity)을 회복하려는 시인의 강한 의지를 엿볼 수 있다.

시인은 인생의 의미를 더 깊이 파고 들어 「시한부 인생」의 단상을 담아낸다.

달은 차면 기울고
꽃은 열흘을 못 넘긴다 했고
세도도 십 년을 못 넘긴다 했으니
서러울 것도 없는데
천년만년 살 것처럼 무심하다가도
허세를 부리다가도
별일이 생기게 되면
호들갑을 떨게 되나 보네
탯줄 끊고 발 도장 찍을 때
벌써 정해졌는데

—「시한부 인생」 일부

삶이란 살아가는 것일 수 있으나, 한편으로는 삶이란 죽어가는 것이다. 인간은 태어나는 순간부터 서서히 죽어가고 있는 것이다. 제한된 시간을 살아가는 인간에게 꽤 큰 울림을 전달해주고 있다. 현실은 행복하지만 언제나 삶과 죽음이 공존하고 있는 것이다. 더구나 인용된 권불십년(權不十年)의 뜻은 '아무리 높은 권세라도 십 년을 가지 못한다.' 는 말인데, 화무십일홍(花無十日紅) 즉, '열흘 붉은 꽃이 없다.' 는 뜻과 그 맥을 같이한다. 시인은 제한된 시간만큼, '인간은 삶과 죽음을 어떻게 인식하고 살아가는가?'의 중요성을 알려주고 있다.

시인은 인간의 이성과 감성의 경계를 오가는 초월적 존재이다. 우리 시대의 성찰을 통해 현상을 진단하여 불통(不通) 사회를 치유하는 힘을 갖고 있다. 아울러 감동의 언어로 방황하는 영혼을 살리기도 한다. 존재론적 자기 인식과 자아구현의 과정을 거쳐 따뜻함을 빚어내는 시인의 전언으로 수많은 영혼을 살릴 수 있다. 이 때문에 시인은 이 시대의 마지막 메시아적 존재인 것이다.

시인은 직관적 인식을 통해 사물의 본질을 관통해내는 존재 즉, 정교한 시안(詩眼)을 가진 창조적 상상력의 소유자이다. 상상력을 동원하여 사물이 하고 싶은 말을 대신 전달해주기도 한다. 잔잔한 시적 울림으로 가랑비에 옷 적시듯이, 서정의 향기로 미적 감각을 맘껏 펼치는 활어(活語)의 미학 역시 가지고 있다.

"강정식 시인은 세상에서 가장 따뜻한 시선으로 휴머니티를 세상에 전하면서, 감동의 무늬를 꽃피워 아름다운 흔적을 남기고, 그 흔적은 죽지 않는 파도와 같은 자성의 목소리를 담보하고 있다."

시인의 하루는 범부(凡夫)의 일생에 비유할 수 있을 만큼 초월적 삶을 살고 있다. 시인은 감동의 향기를 남길 줄 아는 나무이다. 그 감동의 흔적으로 밤하늘을 밝히는 별빛을 빚어내고 있는 것이다. 강정식 시인은 사유의 바다에서 건져 올린 사색의 이미지로 아름다움을 남기고, 방황하는 우리 시대 별들을 치유하는 명의(名醫)의 시적 역량을 갖고 있었다.

문학세계대표작가선 789

산다는 것이 the Matter of Living

강정식 다섯 번째 시집

인쇄 1판 1쇄　2016년 10월 8일
발행 1판 1쇄　2016년 10월 15일

지 은 이 : 강정식
펴 낸 이 : 김천우
펴 낸 곳 : 도서출판 천우
등　　록 : 1992. 2. 15. 제1-1307호
주　　소 : 서울시 성동구 무학봉28길 6 금용빌딩 2F
전　　화 : 02)2298-7661
팩　　스 : 02)2298-7665
http://www.moonhaknet.com
E-mail : chunwo@hanmail.net

값 10,000원

ISBN 978-89-7954-647-7

이 도서의 국립중앙도서관 출판예정도서목록(CIP)은 서지정보유통지원시스템 홈페이지(http://seoji.nl.go.kr)와 국가자료공동목록시스템(http://www.nl.go.kr/kolisnet)에서 이용하실 수 있습니다. (CIP제어번호: CIP2016023817)